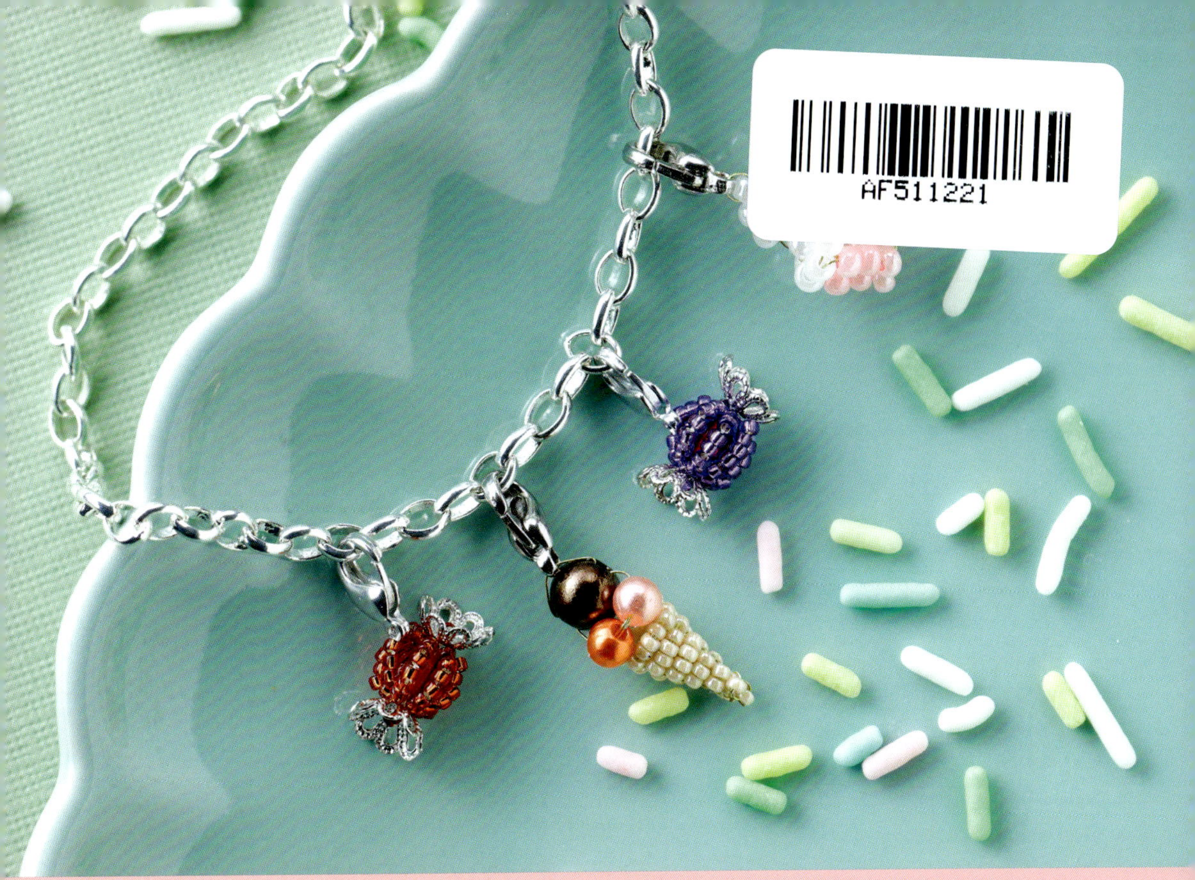

Ob Froschkönig, Faultier oder Flamingo – hier ist für jeden etwas dabei!

Denn wer kann diesen bezaubernd filigranen Perlen-Charms schon widerstehen? Aus Rocailles und anderen tollen Perlen gefertigt, sind sie unglaublich vielseitig und nach Lust und Laune kombinierbar. Kreieren Sie Ihre persönlichen Lieblingsstücke: Die Muschel sorgt fürs Strand-Feeling, der Cupcake versüßt Ihnen den Alltag, und das Einhorn bringt bunten Glitzer in Ihr Leben. Mit diesen neuen Mini-Anhängern haben Sie garantiert viel Spaß und liegen auch noch voll im Trend!

Viel Spaß beim Fädeln, Tragen und Verschenken!

Ihr

Torsten Becker

Märchenhaft

für Prinzessinnen und Power-Frauen

MOTIVHÖHE
Froschkönig ca. 2,5 cm
Rosen ca. 2,5 cm
Schuh ca. 1,5 cm

MATERIAL

FROSCHKÖNIG
- Messingdraht, ø 0,2 mm, 1 m lang
- Karabiner in Silber, 9 mm lang
- Rocailles in Schwarz, Grün matt mit Silbereinzug, Weiß mit Silbereinzug, ø 2,6 mm
- Perle in Gold, ø 12 mm
- Goldkrone, ca. 10 mm lang

ROSEN
- Messingdraht, ø 0,2 mm, 40 cm lang
- Karabiner in Silber, 9 mm lang
- Rocailles in Rot bzw. Weiß mit Silbereinzug und Grün mit Silbereinzug, ø 1,5 mm

SCHUH
- Messingdraht, ø 0,2 mm, 30 cm lang
- Karabiner in Silber, 9 mm lang
- Rocailles in Perlmuttweiß und Rosa, ø 2,6 mm

FÄDELSKIZZENHEFT
Seite 1 + 2

Froschkönig

1 Beginnen Sie mit dem Maul des Froschkönigs.

2 Für die Augen in der vierten Reihe die beiden schwarzen Perlen mit einem Draht auffädeln.

3 In der sechsten Reihe gemäß Skizze die Krone sowie eine Extraperle darin auffädeln. Ziehen Sie diese Perle zur Stabilisierung in der achten Reihe an einem Drahtende erneut fest.

4 Ziehen Sie für die Vorderbeine in der 10. und 11. Reihe jeweils einen Extradraht ein. Am Ende der Vorderbeine die Drahtenden gegenläufig durch die goldene Perle ziehen und anschließend verknoten.

5 Für die Hinterbeine in der vorletzten Reihe einen Extradraht einziehen. Anschließend die Hinterbeine auffädeln.

Rosen

1 Mit dem ersten Blatt der Rose beginnen (siehe 1 in der Skizze). Hierzu die inneren Reihen flach fädeln.

2 Nach der vierten Reihe mit den Drahtenden jeweils vier Rocailles auffädeln und die Drähte durch die erste Perle hindurch zurückfädeln. So werden alle vier Blätter gefädelt.

3 Nun den Rosenstiel mit den zwei Rosenblättern gemäß Skizze fädeln.

Schuh

1 Mit der Schuhspitze beginnen. Die fünfte bis achte Reihe nach unten gebogen fädeln.

2 In der achten Reihe gemäß Skizze einen Perlenstab formen.

3 Den Karabiner in der 10. Reihe durch eine Zusatzschlaufe mit einfädeln.

Mein Tipp für Sie

Fireline ist stabiler als Draht und bricht nicht so leicht. Für fragilere Modelle ist sie daher eine gute Alternative.

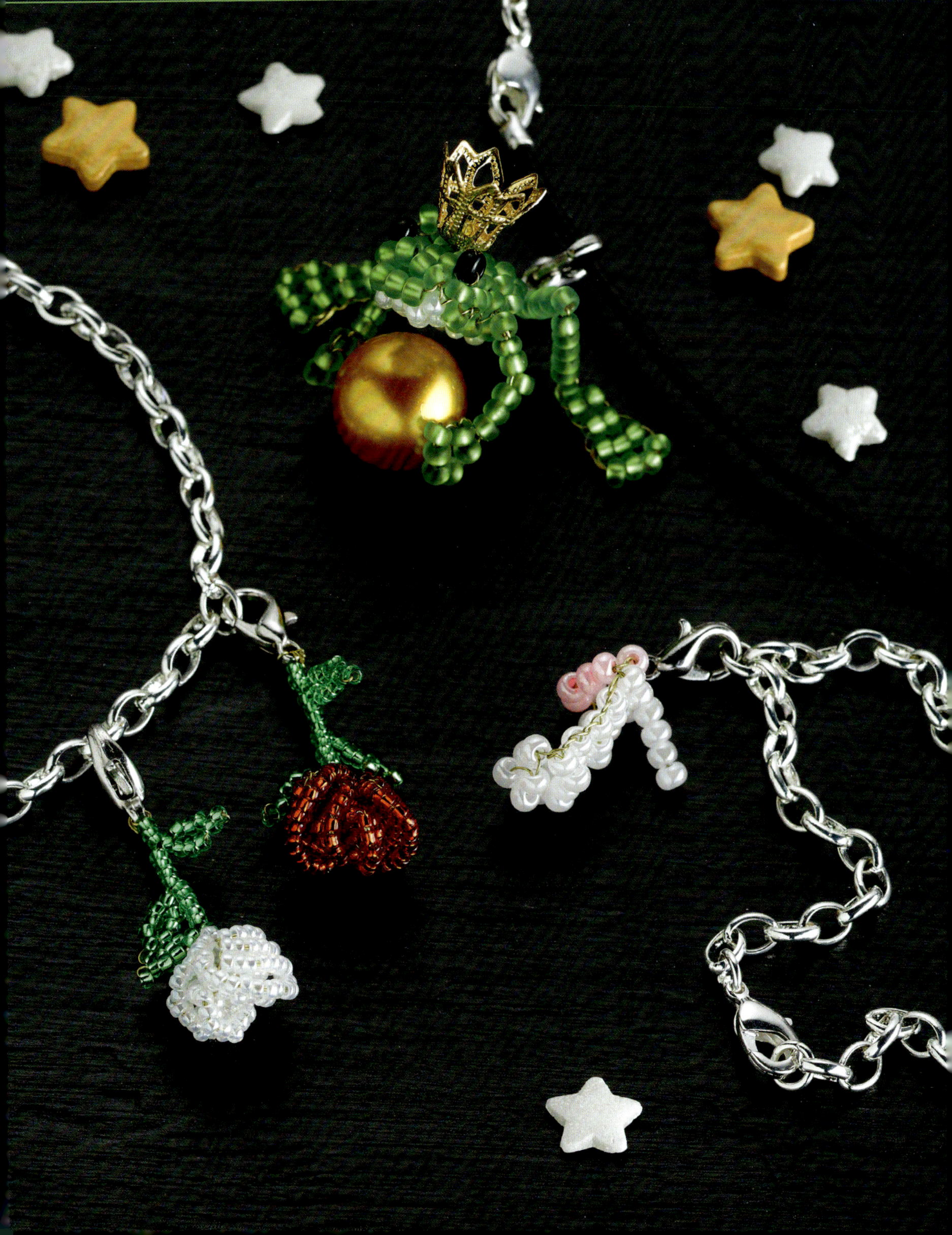

Tierisch im Trend

drei starke Botschafter

MOTIVHÖHE
Flamingo ca. 3 cm
Schaf ca. 1,5 cm
Faultier ca. 2 cm

MATERIAL

FLAMINGO
- Nylonfaden, ø 0,25 mm, 1 m lang
- Karabiner in Silber, 9 mm lang
- Rocailles in Rosa mit Silbereinzug und Sattschwarz, ø 2,6 mm
- Long-Magatama-Perle in Schwarz

SCHAF
- Messingdraht, ø 0,2 mm, 1 m lang
- Karabiner in Silber, 9 mm lang
- Rocailles in Sattschwarz, ø 1,5 mm
- Rocailles in Sattweiß, ø 2,6 mm

FAULTIER
- Messingdraht, ø 0,2 mm, 1 m lang
- Karabiner in Silber, 9 mm lang
- Rocaille in Dunkelbraun matt, ø 2,6 mm
- Rocailles in Braun, Beige und Schwarz ø 1,5 mm

FÄDELSKIZZENHEFT
Seite 2 + 3

Flamingo

1 Mit der Long-Magatama-Perle beginnen und zwei rosa Rocailles auffädeln. Mit dem anderen Fadenende zwei rosa Perlen auffädeln und ebenfalls durch die Long-Magatama-Perle fädeln. Anschließend mit beiden Fäden gegenläufig durch eine weitere Perle ziehen.

2 Als Nächstes die Augenreihen, dann den Kopf gemäß Fädelskizze auffädeln.

3 Fädeln Sie beim Hals den Faden nach der vierten Perle erneut durch die hintere Perle im Kopf.

4 Nach dem Hals den Flamingo gemäß Skizze gegenläufig fädeln.

Schaf

1 Mit der Schnauze vom Schaf beginnen und gemäß Skizze plastisch fädeln (siehe „So wird's gemacht").

2 In der vierten Reihe die Augen arbeiten, indem der Draht durch jeweils eine schwarze Extraperle durchgefädelt wird und wieder zurück in die Reihe verläuft. Die Ohren in der sechsten Reihe genauso arbeiten.

3 Den Karabiner in der 10. Reihe miteinfädeln.

4 Die Vorder- und Hinterbeine mittels Perlenstäbe in der 11. bzw. 17. Reihe arbeiten.

Faultier

1 Mit der Schnauze des Faultiers beginnen. Für die Vorderbeine in der 11. und 17. Reihe jeweils einen Extradraht einziehen.

2 Für den Karabiner in der 20. Reihe nach Skizze mit einem Draht eine Schleife drehen.

3 Für die Hinterbeine in der 21. Reihe einen Extradraht einziehen. Bei allen Beinen zunächst das Bein flach fädeln (siehe Fädelskizze).

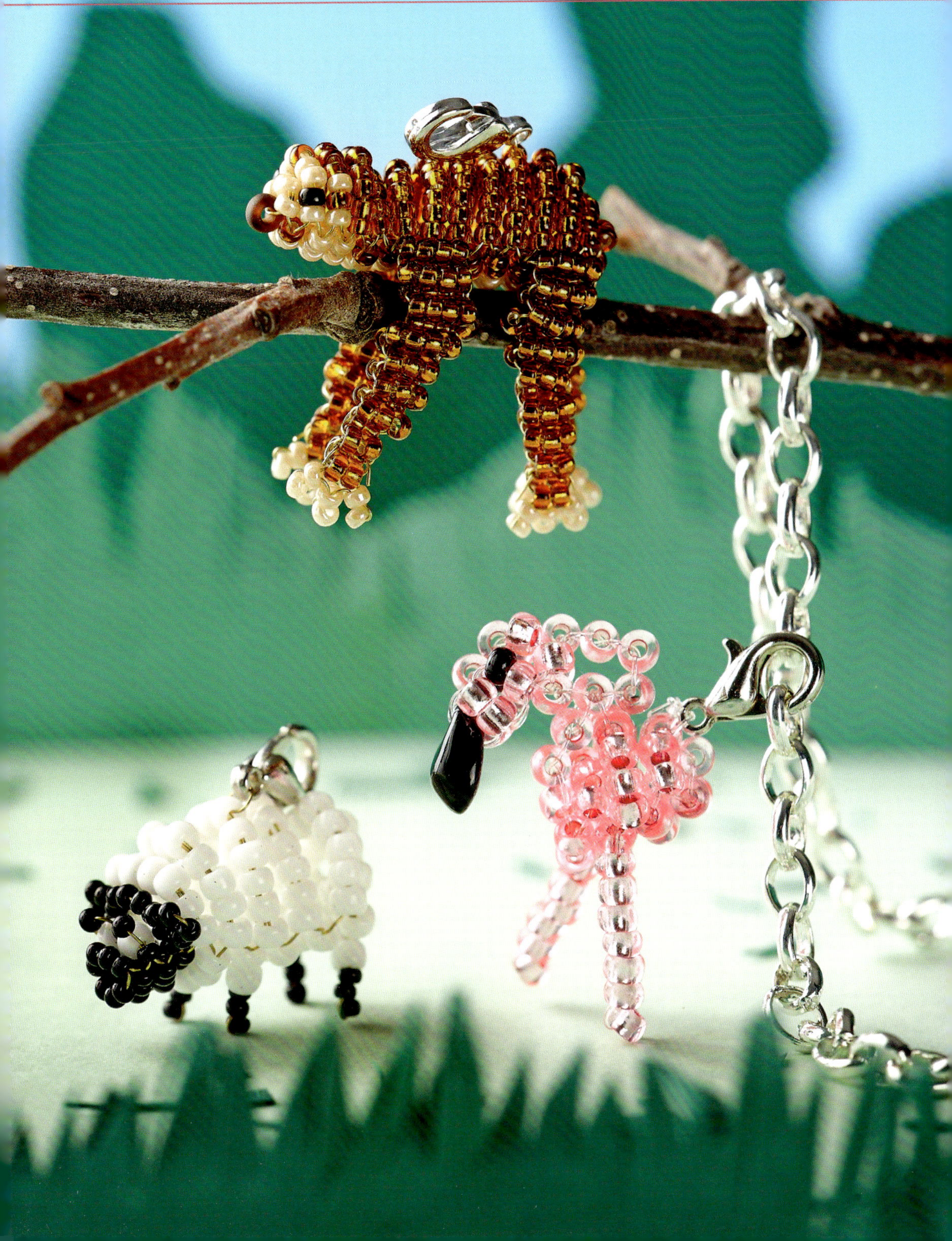

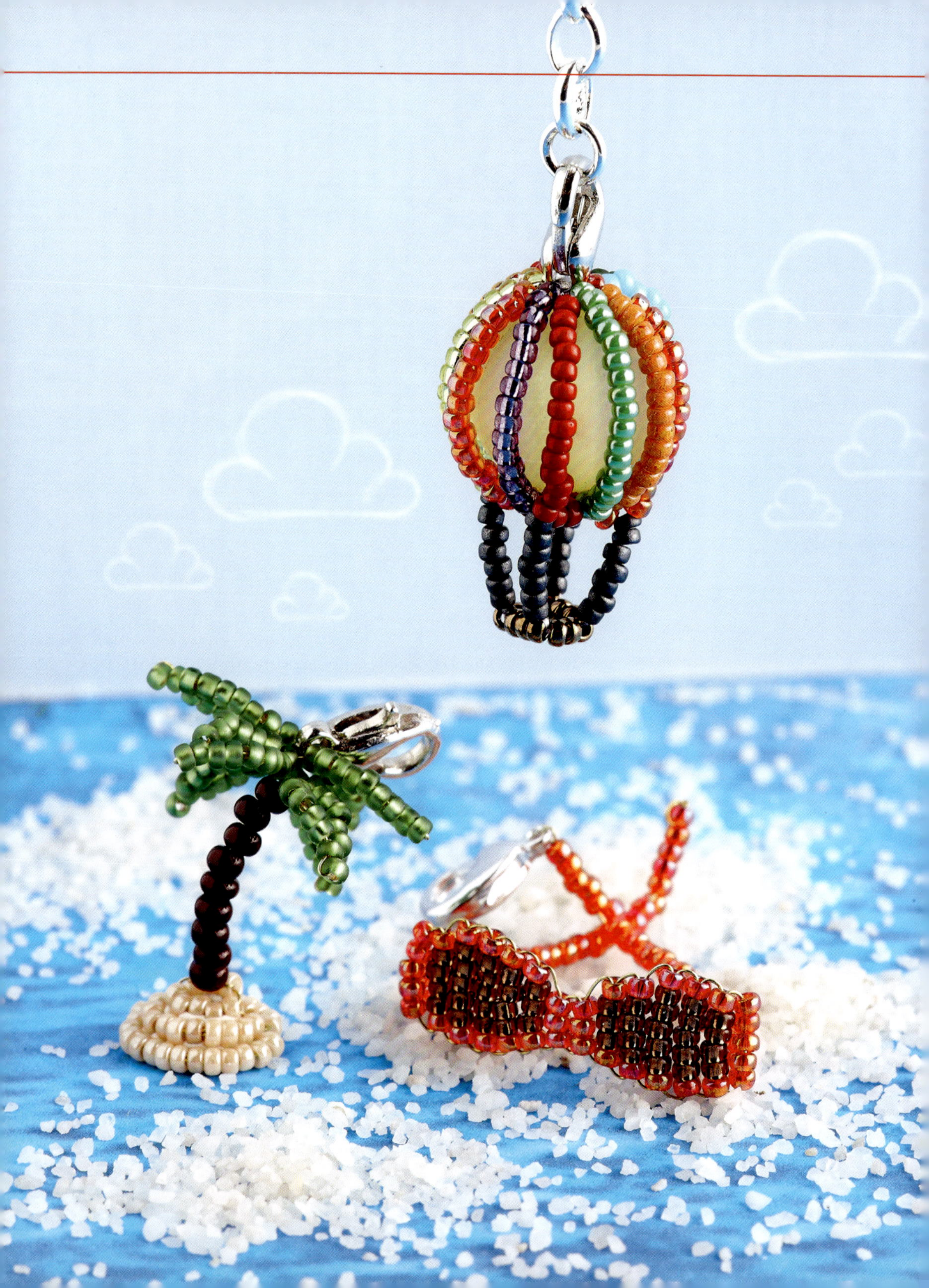

Urlaubs-Feeling

gegen Fernweh

MOTIVHÖHE
Sonnenbrille ca. 2,5 cm
Heißluftballon ca. 3 cm
Insel ca. 2 cm

MATERIAL

SONNENBRILLE
- Messingdraht, ø 0,2 mm, 30 cm lang
- Karabiner in Silber, 9 mm lang
- Rocailles in Orange AB und Braun mit Silbereinzug, ø 1,5 mm

HEISSLUFTBALLON
- Fireline, 6lb, 1 m lang
- Karabiner in Silber, 9 mm lang
- Rocailles in diversen Farben, ø 1,5 mm
- Glasperle in Gelb matt, ø 12 mm

INSEL
- Messingdraht, ø 0,2 mm, 40 cm lang
- Karabiner in Silber, 9 mm lang
- Rocailles in Grün mit Silbereinzug und Beige, ø 1,5 mm
- Rocailles in Sattbraun, ø 2,6 mm

FÄDELSKIZZENHEFT
Seite 1, 2 + 3

Sonnenbrille

1 Mit dem Karabiner beginnend die orangenen Rocailles als Brillenbügel auffädeln.

2 Die Brille selber flach gemäß Skizze fädeln, die Brillengläser mit den braunen Rocailles arbeiten.

3 Anschließend den zweiten Brillenbügel fertigstellen.

Heißluftballon

1 Mit der großen Glasperle beginnen und die ersten Schleifen durch die Perlen ziehen. Dabei die Rocailles immer auf den Faden für die jeweilige Reihe auffädeln. Bei jeder dritten Reihe einen Perlenstab gemäß Skizze einfädeln.

2 Für den Korb vom Heißluftballon beim vierten Perlenstab eine Umrundung durch alle Perlenstäbe basteln. Nach der letzten Reihe mit dem oberen Faden den Karabiner auffädeln und anschließend durch die große Perle ziehen.

3 Abschließend werden beide Fadenenden mit einer kleinen Perle unterhalb des Ballons verknotet.

Insel

1 Mit einem Blatt beginnen. Anschließend den Karabiner auf ein Drahtende auffädeln und ein weiteres Blatt auffädeln.

2 Jetzt auf beiden Drahtenden jeweils zwei bzw. drei weitere Blätter fädeln, sodass es insgesamt sieben Blätter sind.

3 Danach die größeren braunen Rocailles auffädeln. Die Insel gemäß Skizze plastisch fädeln.

Süße Leckereien

für Naschkatzen und Leckermäuler

MOTIVHÖHE
Cupcake ca. 1,5 cm
Eis ca. 1,5 cm
Bonbon ca. 1 cm

MATERIAL

CUPCAKE
- Messingdraht, ø 0,2 mm, 40 cm lang
- Karabiner in Silber, 9 mm lang
- Rocailles in Rosa und Weiß, ø 2,6 mm
- Glasperle in Rot, ø 4 mm

EIS
- Messingdraht, ø 0,2 mm, 50 cm lang
- Karabiner in Silber, 9 mm lang
- Rocailles in Beige, ø 1,5 mm
- Wachsperlen in diversen Farben (je nach Eissorte), ø 4 mm und 6 mm

BONBON
- Fireline, 6lb, 40 cm lang
- Karabiner in Silber, 9 mm lang
- Rocailles in Rot mit Silbereinzug oder in anderen Farben, ø 1,5 mm
- Glasperle in Rot oder in anderen Farben, ø 4 mm
- Perlenkappen in Silber, ø 6 mm

FÄDELSKIZZENHEFT
Seite 4

Cupcake

1 Mit der Seite vom Cupcake beginnen und zunächst fünf Rocailles auffädeln. Anschließend mit beiden Drahtenden drei weitere Rocailles gegenläufig auffädeln.

2 Jetzt mit nur der oberen Hälfte zwei Rocailles aufziehen und mit beiden Drahtenden erneut drei Rocailles gegenläufig auffädeln. Den Vorgang so lange wiederholen, bis sieben Streben entstanden sind.

3 Nun mit dem unteren Drahtende durch die ersten drei Rocailles fädeln und gemäß Skizze oben durch sieben Rocailles entlangfädeln.

4 Abschließend gemäß Skizze die zwei Fünferreihen arbeiten und die größere Perle auffädeln.

Eis

1 Mit dem Karabiner und der großen Wachsperle beginnen. Anschließend die beiden 4-mm-Wachsperlen gemäß Skizze auffädeln.

2 Nun die Waffel plastisch gemäß Skizze fädeln.

Bonbon

1 Mit der großen Perle beginnen und die ersten Schleifen durch die Perlen ziehen. Dabei die Rocailles immer auf den Faden für die Reihe auffädeln. Bei einer Reihe den Karabiner gemäß Skizze auffädeln.

2 Nach insgesamt acht Reihen ist die Perle komplett umhüllt. Jetzt können die Perlenkappen gemäß Skizze mit den Fadenenden befestigt werden. Hierzu zunächst die Perlenkappe und eine Rocaille-Perle auffädeln. Anschließend verläuft der Faden wieder durch die Perlenkappe.

3 Jetzt noch mit einem Fadenende durch die große Perle hindurchfädeln und mit dem anderen Fadenende verknoten.

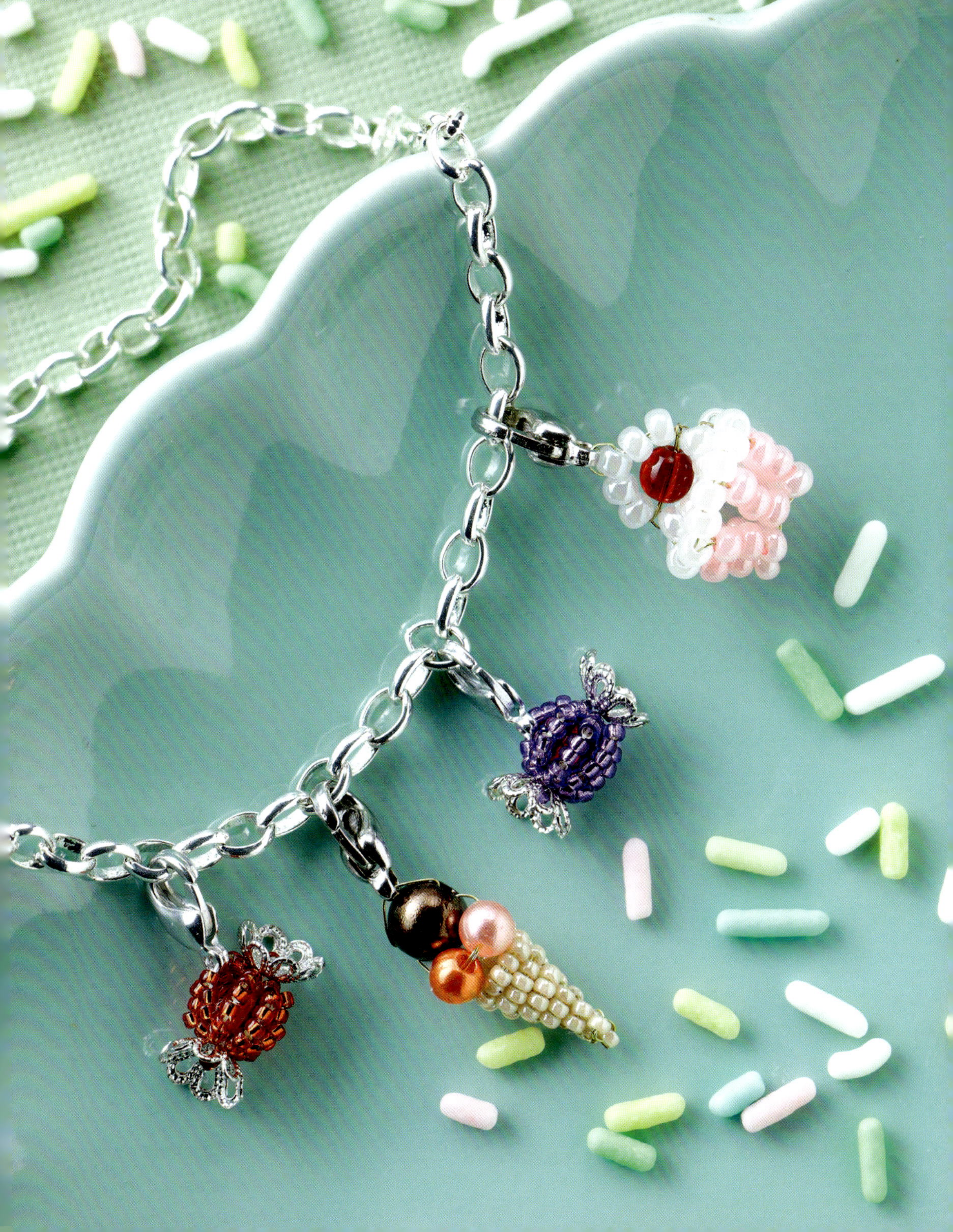

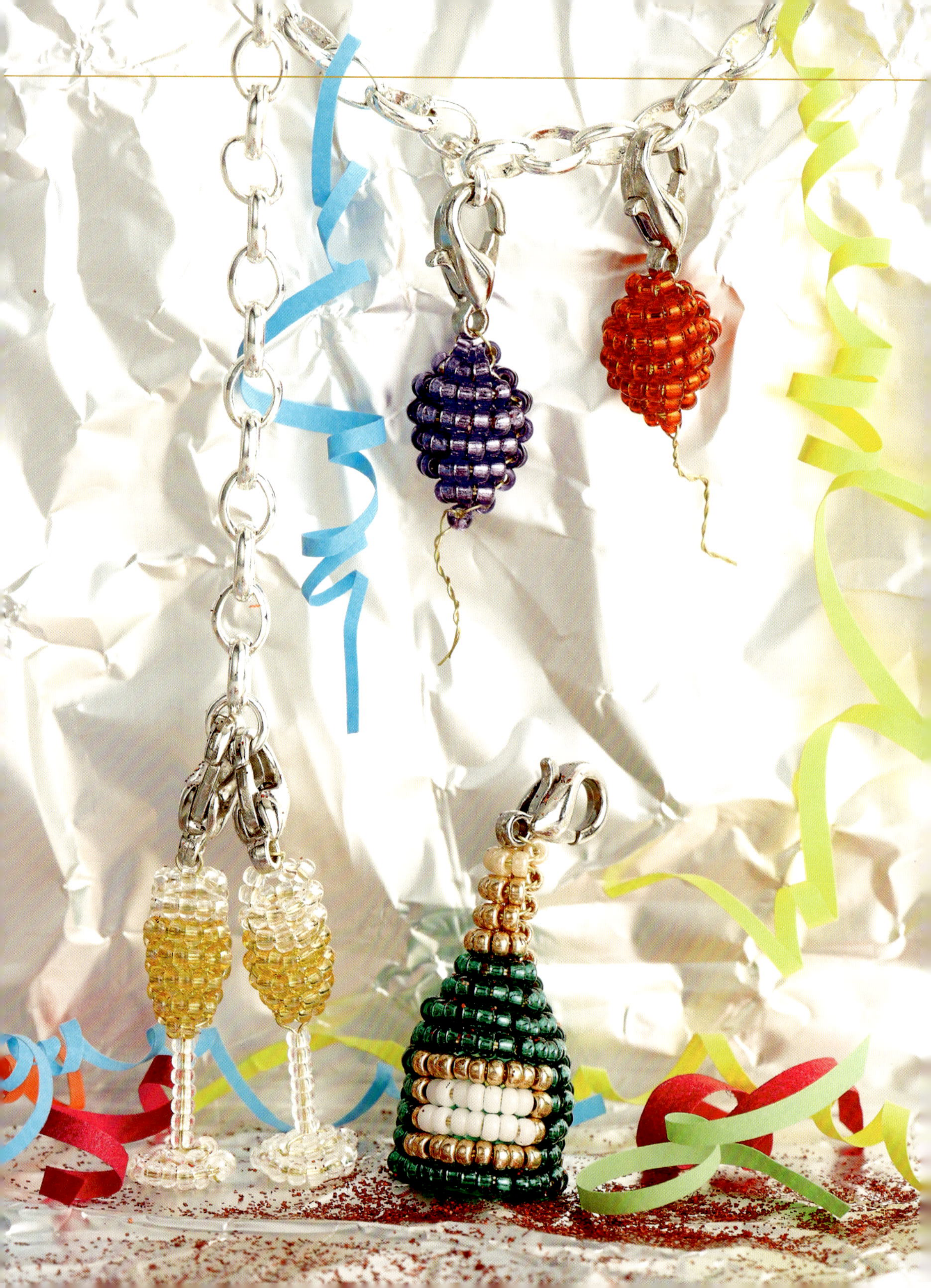

Let's party!

Es gibt immer was zu feiern

MOTIVHÖHE
Sektglas ca. 2,5 cm
Sektflasche ca. 3 cm
Luftballon ca. 2 cm

MATERIAL

SEKTGLAS
- Messingdraht, ø 0,2 mm, 40 cm lang
- Karabiner in Silber, 9 mm lang
- Rocailles in Transparent, Helltopas transparent, ø 1,5 mm

SEKTFLASCHE
- Messingdraht, ø 0,2 mm, 60 cm lang
- Karabiner in Silber, 9 mm lang
- Rocailles in Dunkelgrün mit Silbereinzug, Beige Perlmutt, Metallic Gold, Sattweiß, ø 1,5 mm

LUFTBALLON
- Messingdraht, ø 0,2 mm, 30 cm lang
- Karabiner in Silber, 9 mm lang
- Rocailles in Rot mit Silbereinzug oder anderen Farben nach Wunsch, ø 1,5 mm

FÄDELSKIZZENHEFT
Seite 3, 4 + 12

Sektglas

1 Mit dem Karabiner beginnen und das Sektglas zunächst plastisch gemäß Skizze fädeln (siehe „So wird's gemacht").

2 Nach der 13. Reihe beide Drähte in gleicher Richtung durch sieben transparente Rocailles führen.

3 Anschließend wieder plastisch fädeln.

Sektflasche

1 Mit dem Karabiner beginnen und die Sektflasche komplett plastisch gemäß Skizze fädeln.

2 Anschließend mit einem Bleistift von innen schön rund formen.

Luftballon

1 Den Luftballon mit dem Karabiner beginnend gemäß Skizze plastisch arbeiten.

2 Abschließend beide Drahtenden miteinander verdrehen und ein Stück als „Schnur" überstehen lassen.

Traumhaft

für Einhorn-Fans

MOTIVHÖHE
Einhorn ca. 1,5 cm
Regenbogen ca. 2 cm

MATERIAL

EINHORN
- Fireline, 6lb, 1 m lang
- Karabiner in Silber, 9 mm lang
- Rocailles in Schwarz, Sattweiß, Perlmuttweiß und Rosa, ø 1,5 mm
- Rocailles in Perlmuttweiß und Rosa, ø 2,6 mm
- Viskosekordel in Rosa, Gelb und Hellblau, ø 2 mm

REGENBOGEN
- Fireline 6lb, 60 cm lang
- Karabiner in Silber, 9 mm lang
- Rocailles in Lila mit Silbereinzug und Blau mit Silbereinzug, ø 1,5 mm
- Rocailles in Grün mit Silbereinzug, Gelb mit Silbereinzug, Rot mit Silbereinzug und Weiß glänzend, ø 2,6 mm

FÄDELSKIZZENHEFT
Seite 6

Einhorn

1 Mit der dreireihigen Schnauze des Einhorns beginnen. In der 10. Reihe die Ohren und das Horn gemäß Skizze mit der Hauptschnur auffädeln.

2 In der 12., 14., 15. und 16. Reihe die Viskosekordelstücke als Mähne mittig in die Reihen einfädeln. Dazu muss zunächst der Baumwollkern der Kordel entfernt werden. Dies geht ganz einfach, indem die Fasern und der Kern vorsichtig mit den Fingern in verschiedene Richtungen auseinandergezogen werden. Die Fasern anschließend zum Einarbeiten je nach gewünschter Haarlänge in ca. 4 cm bis 10 cm lange Stücke schneiden. In der Perlenreihe, in welcher die Haare eingefädelt werden, eine kleine Schlaufe zwischen den beiden Drähten ziehen und in diese Lücke ein Stück der Fasern als Mähne einlegen. Vorsichtig an den Drahtenden ziehen und die Lücke wieder schließen, sodass der Mähnenstrang fest zwischen den Perlen sitzt.

3 Nach der 14. Reihe beide Schnurenden durch jeweils zwei Perlen zurückfädeln, um den Hals an den Kopf zu fädeln. In der 16. Reihe auf beiden Seiten bereits vor der letzten Perle die Schnur herausführen. Verbinden Sie nach der 17. Reihe die Hauptschnur nochmals mit dem Hals, indem die eingezeichnete Schnurführung eingehalten wird. In der 21. Reihe die Vorderbeine nach Skizze auffädeln.

4 Für den Karabiner in der 24. Reihe mit der Schnur eine Schleife machen. In der 27. Reihe die Hinterbeine auffädeln.

5 In der 28. Reihe alle Farben der Viskosekordel zu einem Pferdeschweif fassen und einbinden.

Regenbogen

1 In der Mitte des Regenbogens beginnend alle Rocailles einmalig von oben nach unten mittig aufziehen. Anschließend eine weitere lila Perle aufziehen und durch die nächste blaue Perle ziehen. Dann wieder eine blaue Perle aufziehen und den Faden durch die grüne Perle ziehen.

2 So immer weiter bis zu beiden Wolken fortfahren. Die Wolken kann man nach Anleitung oder frei nach Wunsch gestalten.

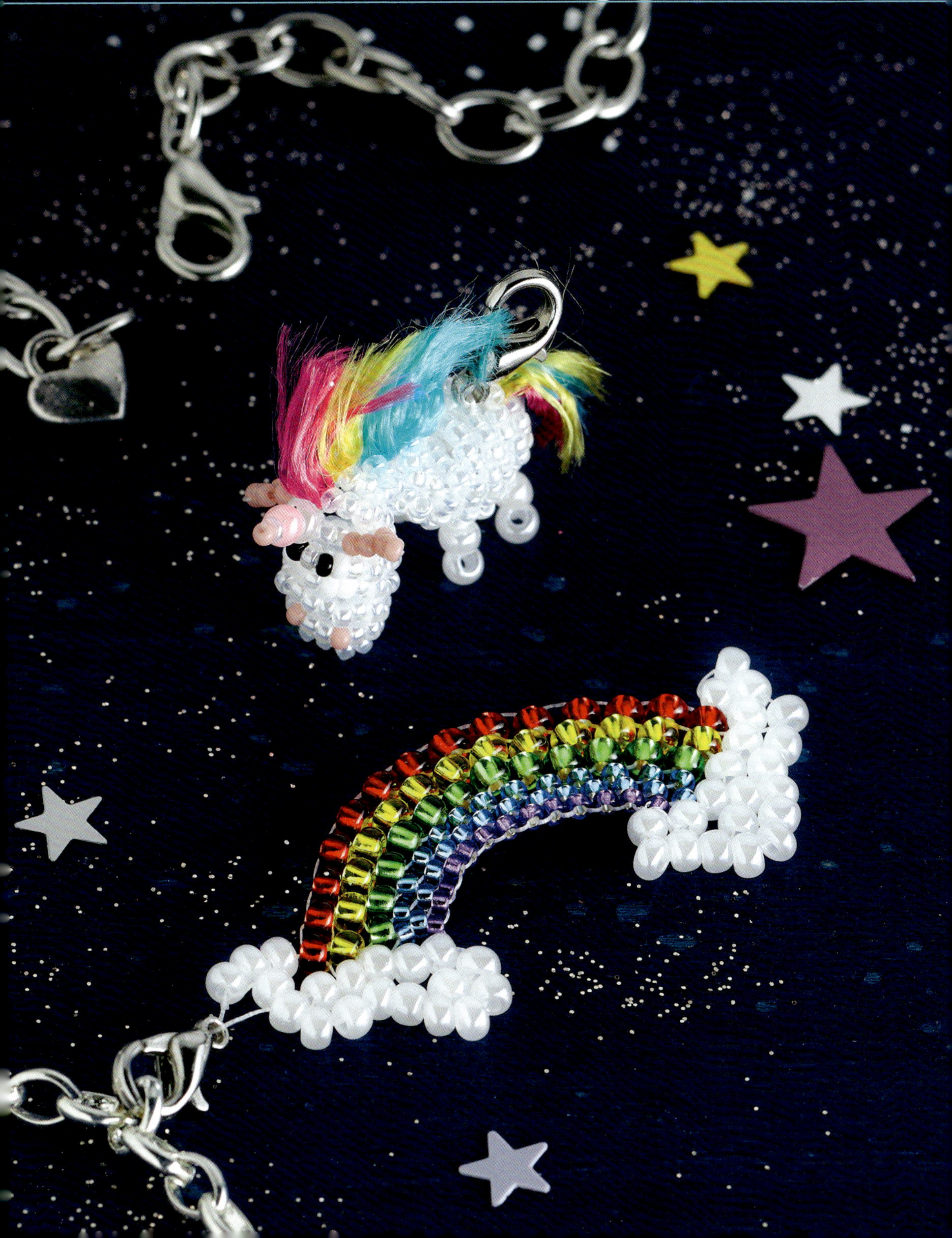

Blütenpracht

Sag's durch die Blume

MOTIVHÖHE
Tulpe ca. 3 cm
Lilie ca. 3 cm

MATERIAL

TULPE

- Messingdraht, ø 0,2 mm, 80 cm lang
- Karabiner in Silber, 9 mm lang
- Rocailles in Rot mit Silbereinzug, Grün mit Silbereinzug und Beige transparent, ø 1,5 mm

LILIE

- Messingdraht, ø 0,2 mm, 1 m lang
- Karabiner in Silber, 9 mm lang
- Rocailles in Sattgrün, Sattbraun und Sattweiß, ø 1,5 mm

FÄDELSKIZZENHEFT
Seite 7 + 8

Tulpe

1 Mit den beiden beigefarbenen Blättern beginnen und diese zunächst gemäß Skizze flach fädeln. Drücken Sie die Blätter nun zusammen und runden Sie sie ab, damit der Tulpenkern entsteht.

2 Jetzt für die äußeren Blätter mit den roten Rocailles flach fädeln. Anschließend mit beiden Drahtenden jeweils sieben beigefarbene Rocailles auffädeln und zurückführen. Danach mit dem zweiten (in der Zeichnung das untere) und dritten Blatt das Ganze wiederholen.

3 Nun den Tulpenstiel gemäß Skizze arbeiten. Am unteren Ende die Tulpenblätter mittels Perlenstäbe fertigstellen.

Lilie

1 Mit dem Blütenstiel beginnen und die weiteren Blütenstäbe gemäß Skizze fädeln.

2 Eine einzelne Perle gegenläufig auffädeln, dann die sechs Blätter auffädeln, indem zunächst die flachen kurzen Reihen in der Mitte gearbeitet werden. Die innere lange Reihe verläuft nun jeweils beidseitig zurück.

3 Abschließend verläuft der Draht für die außenliegenden Reihen nach vorne und in derselben Reihe wieder zurück. Vor jedem weiteren Blatt jeweils eine Perle gemäß Skizze auffädeln.

Mein Tipp für Sie

Die Blumen sehen auch als Anstecker superschick aus!

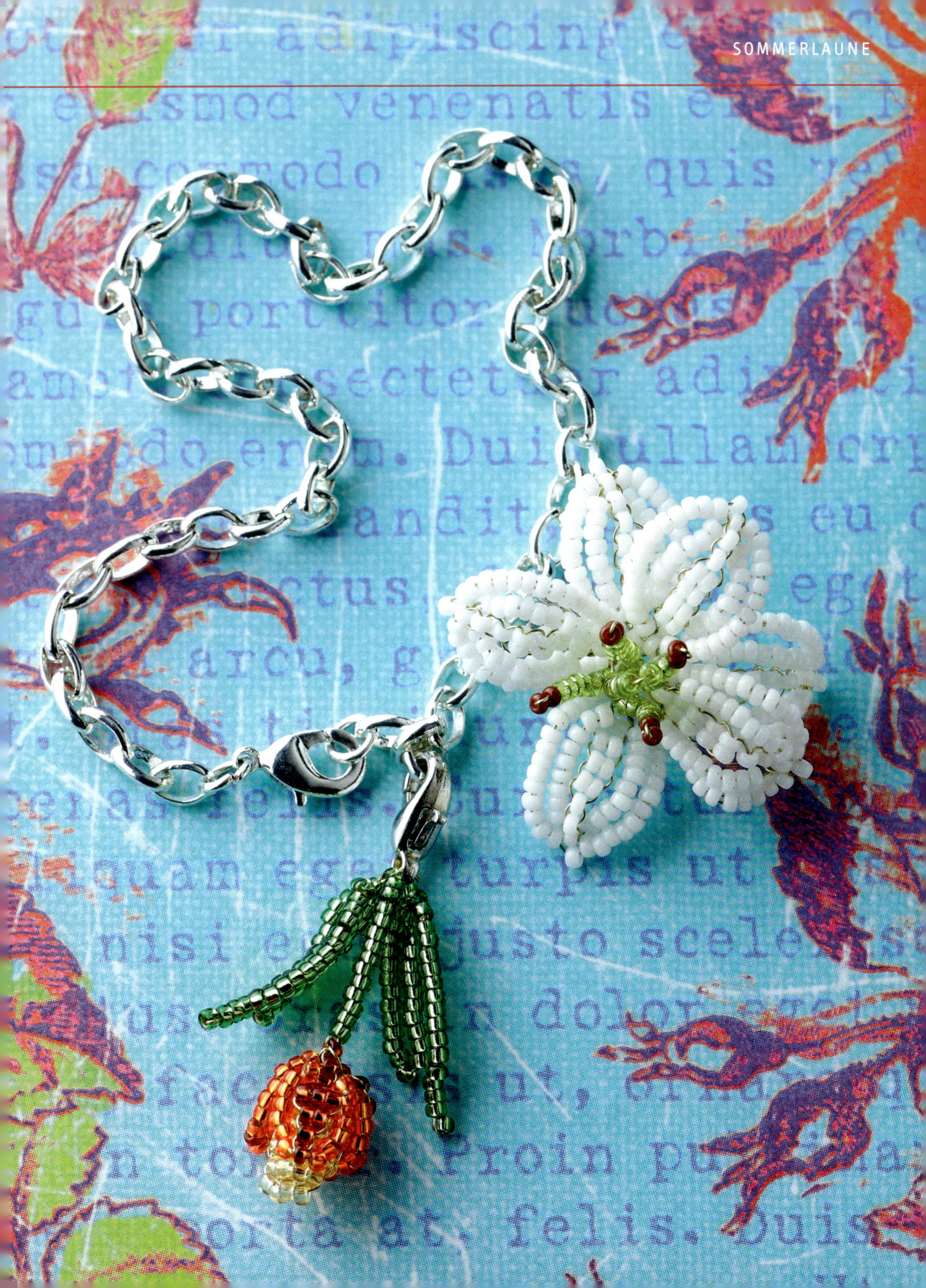

Symbolträchtig

mystische Botschaften

MOTIVHÖHE
Yinyang ca. 1 cm
Lebensbaum ca. 2,5 cm
Traumfänger ca. 3,5 cm

MATERIAL

YINYANG
- Messingdraht, ø 0,2 mm, 30 cm lang
- Karabiner in Silber, 9 mm lang
- Rocailles in Sattschwarz und Perlmuttweiß, ø 1,5 mm
- Rocailles in Sattschwarz und Perlmuttweiß, ø 2,6 mm

LEBENSBAUM
- Messingdraht, ø 0,2 mm, 3x 30 cm lang
- Karabiner in Silber, 9 mm lang
- Rocailles in Sattgrün, Hellgrün mit Silbereinzug, Grün mit Silbereinzug, Sattbraun und Grau mit Silbereinzug, ø 1,5 mm
- Rocailles in Sattbraun, ø 2,6 mm

TRAUMFÄNGER
- Messingdraht, ø 0,2 mm, 50 cm lang
- Karabiner in Silber, 9 mm hoch
- Rocailles in Gold mit Silbereinzug und Blau mit Silbereinzug, ø 1,5 mm
- Delica-Perlen in Metallic -Blau
- Mini-Dagger-Perlen in Blau schimmernd
- Swarovski®-Perle in Blau, ø 3 mm

FÄDELSKIZZENHEFT
Seite 8 + 9

Yinyang

1 Mit der großen schwarzen Perle beginnen und sechs kleine weiße Perlen gegenläufig auffädeln.

2 Anschließend auf einem Drahtende drei Perlen und auf dem anderen Ende eine Perle auffädeln. Nun 10 weitere Perlen auf beide Drahtenden in gleicher Richtung auffädeln.

3 Nun eine große weiße Perle mit einem Drahtende auffädeln, anschließend sechs kleine schwarze Perlen mit beiden Drahtenden gegenläufig auffädeln. Mit dem Drahtende, das sich noch in der Nähe der kleinen weißen Perlen befindet, drei kleine schwarze Perlen auffädeln. Ab hier wieder mit beiden Drahtenden 10 weitere kleine Perlen und den Karabiner in gleicher Richtung auffädeln. Zum Abschluss verknoten.

Lebensbaum

1 Beginnen Sie mit den Ästen und fertigen Sie diese gemäß Fädelskizze. Anschließend alle drei Äste bündeln und die Drähte in gleicher Richtung durch die vier größeren Perlen durchfädeln.

2 Nun zunächst einen Wurzelstrang basteln und mit diesem Drahtstück dann den Ring fädeln, für eine bessere Stabilität am besten zweifach durch den gesamten Kreis fädeln.

3 Abschließend die restlichen Wurzelstränge fertigstellen.

Traumfänger

1 Mit dem großen Ring und dem Karabiner beginnend alle Delica-Perlen auffädeln und beide Drahtenden bis zu den unteren Ansätzen der inneren Schleifen ziehen. Anschließend beidseitig beide Schleifen durch die einzelne Swarovski®-Perle ziehen und zurück in den äußeren Kreis führen.

2 Danach mit den blauen Rocailles den kleineren Kreis auf beiden Seiten fädeln. Mit dem restlichen Drahtende weiter im Ring nach unten fädeln, bis zu den Mini-Dagger-Perlen. Diese gemäß Skizze auffädeln.

3 Zum Abschluss beide Drahtenden im großen Ring bis nach unten führen und die Feder mit einer blauen Rocaille und den goldenen Rocailles gemäß Skizze fertigstellen.

Märchenhaft

Froschkönig

Seite 2

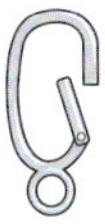

Karabiner in Silber, 9 mm lang

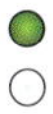

Rocailles, ø 2,6 mm

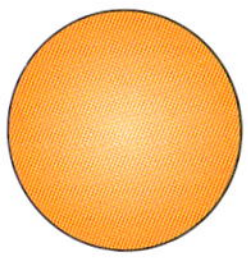

Perle in Gold, ø 12 mm

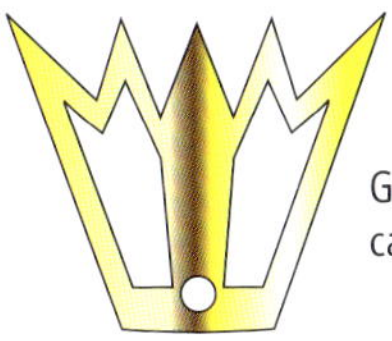

Goldkrone, ca. 10 mm lang

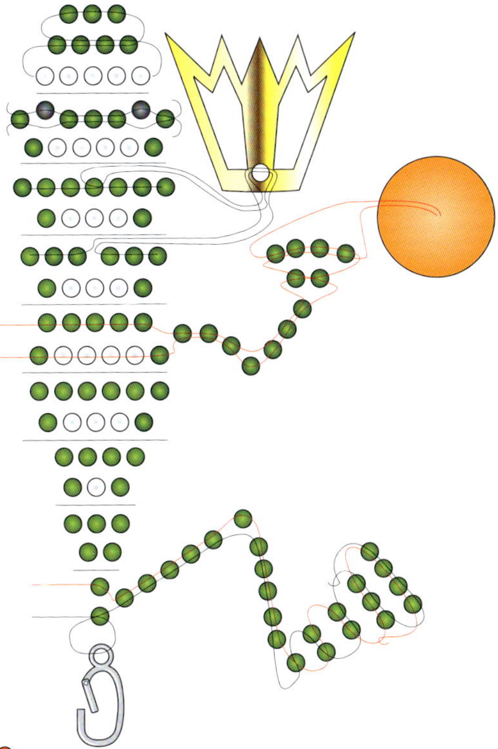

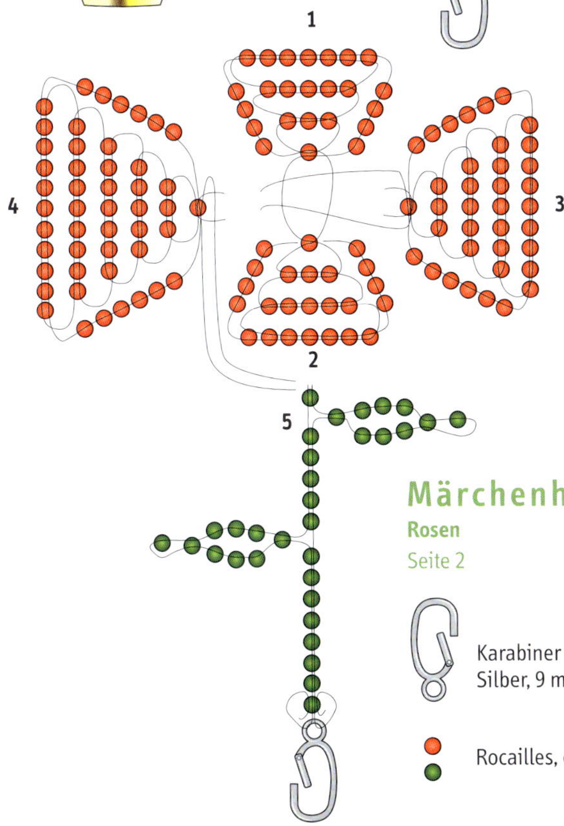

Märchenhaft

Rosen

Seite 2

Karabiner in Silber, 9 mm lang

Rocailles, ø 1,5 mm

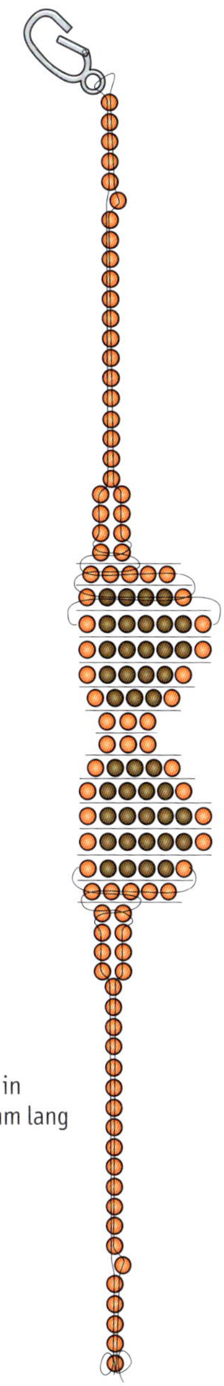

Urlaubs-Feeling

Sonnenbrille

Seite 6

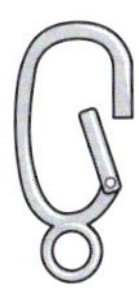

Karabiner in Silber, 9 mm lang

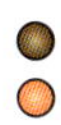

Rocailles, ø 1,5 mm

Märchenhaft

Schuh

Seite 2

Karabiner in Silber, 9 mm lang

Rocailles, ø 2,6 mm

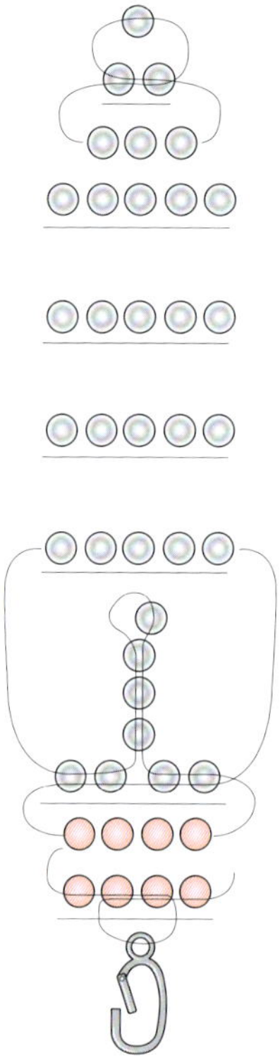

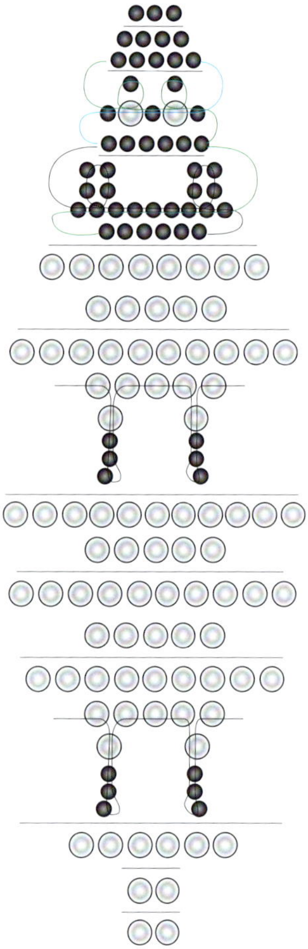

Tierisch im Trend

Flamingo

Seite 4

Karabiner in Silber, 9 mm lang

Rocailles, ø 2,6 mm

Long-Magatama-Perle

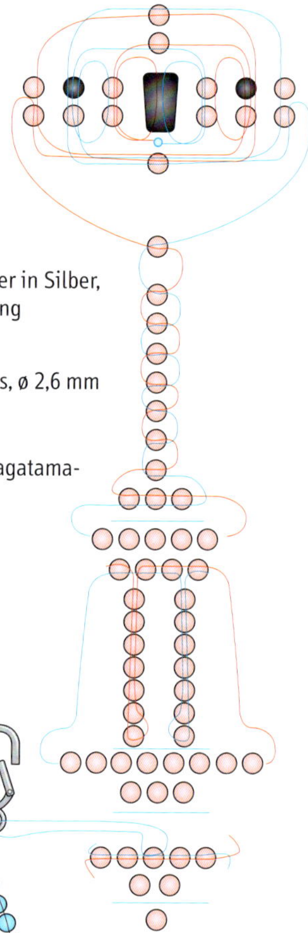

Tierisch im Trend

Schaf

Seite 4

Karabiner in Silber, 9 mm lang

Rocailles, ø 1,5 mm

Rocailles, ø 2,6 mm

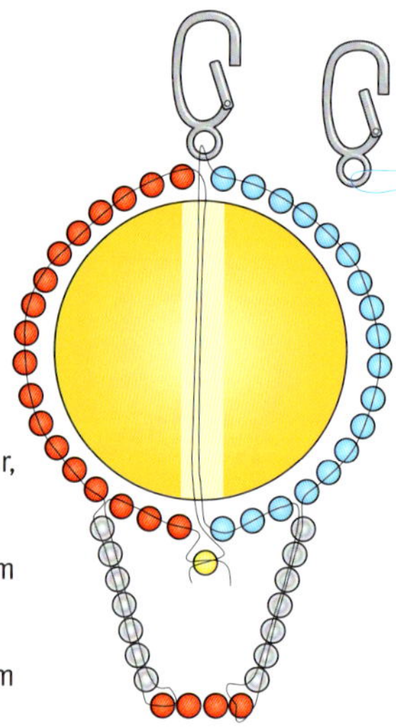

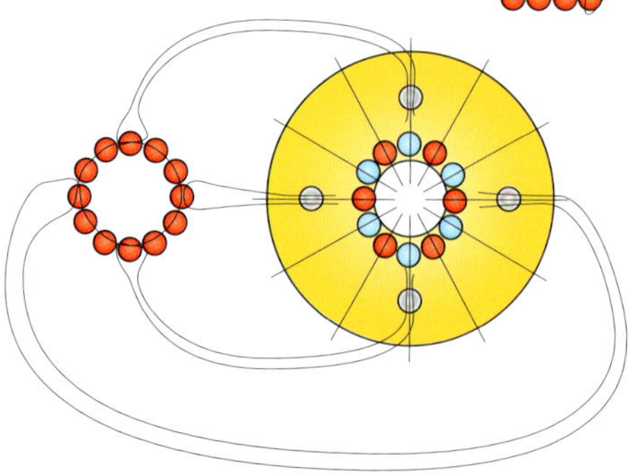

Urlaubs-Feeling

Heißluftballon

Seite 6

Karabiner in Silber, 9 mm lang

Rocailles, ø 1,5 mm

Glasperle, ø 12 mm

Tierisch im Trend

Faultier

Seite 4

Karabiner in Silber, 9 mm lang

Rocailles, ø 1,5 mm

Rocaille, ø 2,6 mm

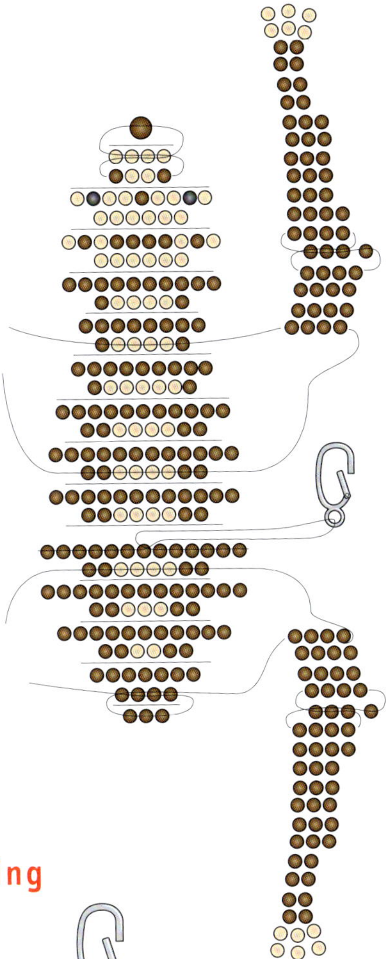

Let's party!

Sektflasche

Seite 10

Karabiner in Silber, 9 mm lang

Rocailles, ø 1,5 mm

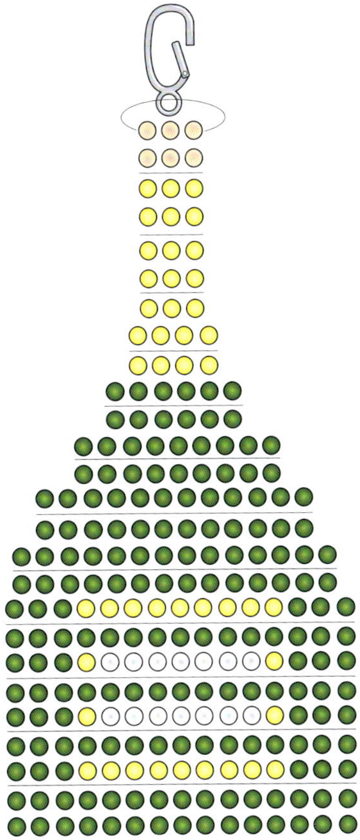

Urlaubs-Feeling

Insel

Seite 6

Karabiner in Silber, 9 mm lang

Rocailles, ø 1,5 mm

Rocailles, ø 2,6 mm

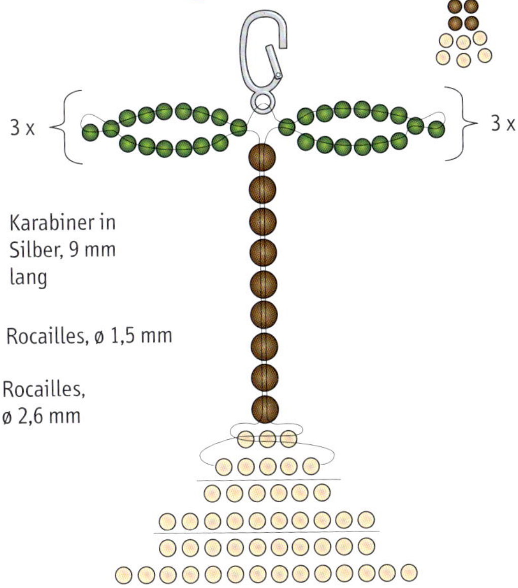

Süße Leckereien

Eis

Seite 8

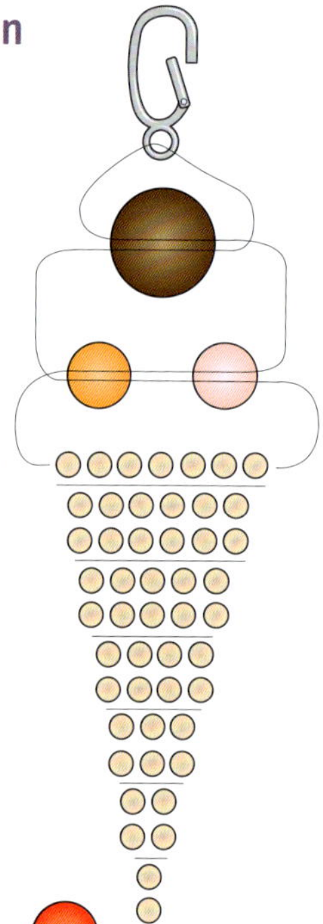

- Karabiner in Silber, 9 mm lang
- Wachsperle, ø 6 mm
- Wachsperle, ø 4 mm
- Rocailles, ø 1,5 mm

Süße Leckereien

Bonbon

Seite 8

- Karabiner in Silber, 9 mm lang
- Perlenkappen, ø 6 mm
- Rocailles, ø 1,5 mm
- Glasperle, ø 4 mm

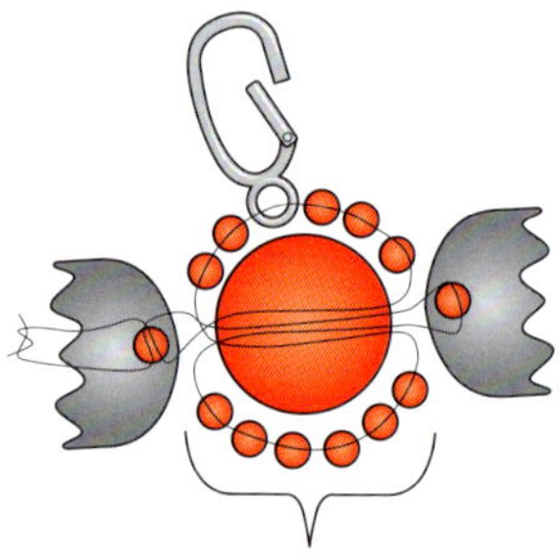

Süße Leckereien

Cupcake

Seite 8

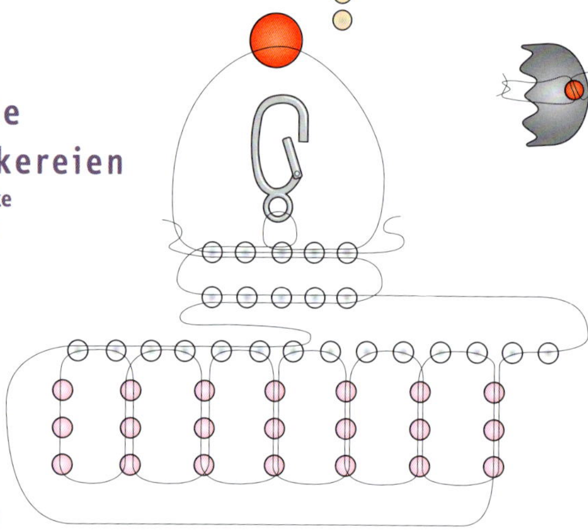

- Karabiner in Silber, 9 mm lang
- Glasperle, ø 4 mm
- Rocailles, ø 2,6 mm

Let's party!

Sektglas

Seite 10

- Karabiner in Silber, 9 mm lang
- Rocailles, ø 1,5 mm

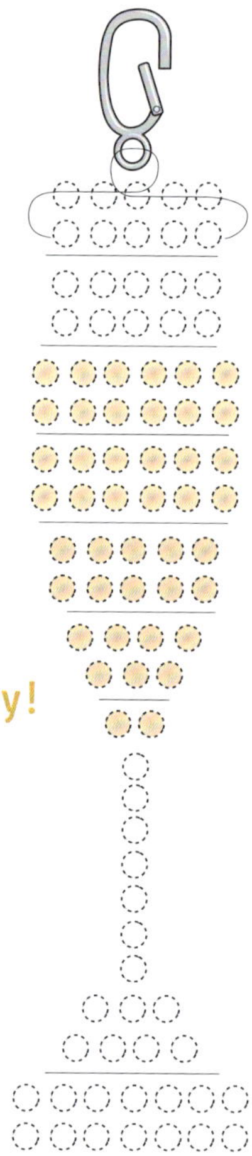

Buchstaben & Zahlen

Buchstaben

Seite 30

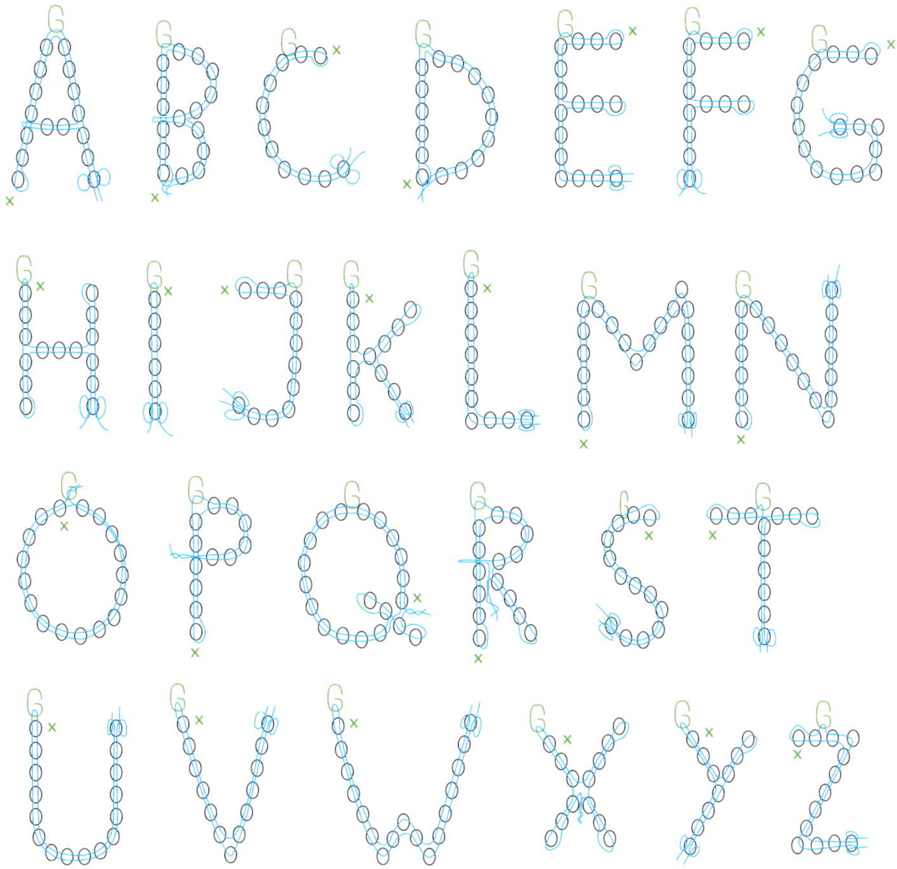

Buchstaben & Zahlen

Zahlen

Seite 30

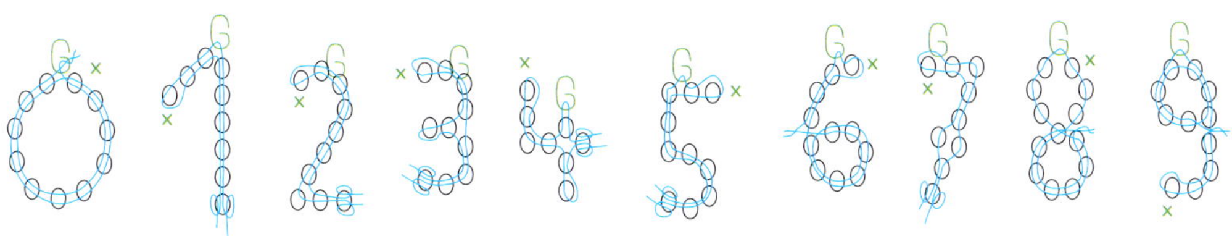

Traumhaft

Regenbogen

Seite 12

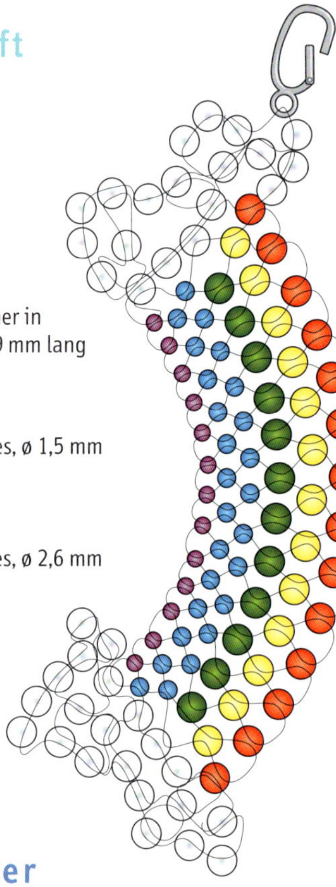

Karabiner in Silber, 9 mm lang

Rocailles, ø 1,5 mm

Rocailles, ø 2,6 mm

Glücksbringer

Kleeblatt

Seite 24

Karabiner in Silber, 9 mm lang

Rocailles, ø 1,5 mm

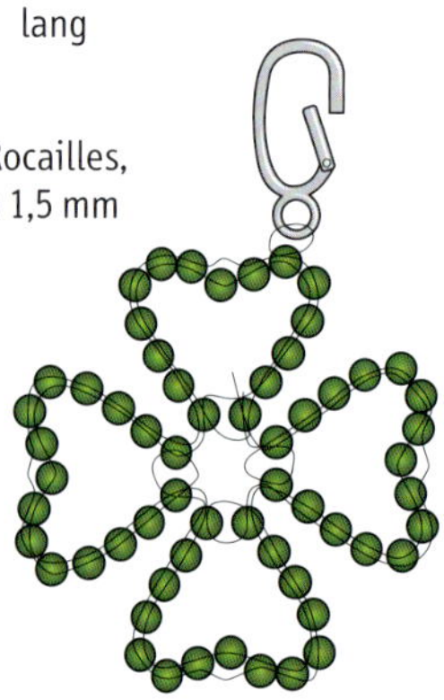

Traumhaft

Einhorn

Seite 12

Karabiner in Silber, 9 mm lang

Rocailles, ø 1,5 mm

Rocailles, ø 2,6 mm

Viskosekordel (Mähne)

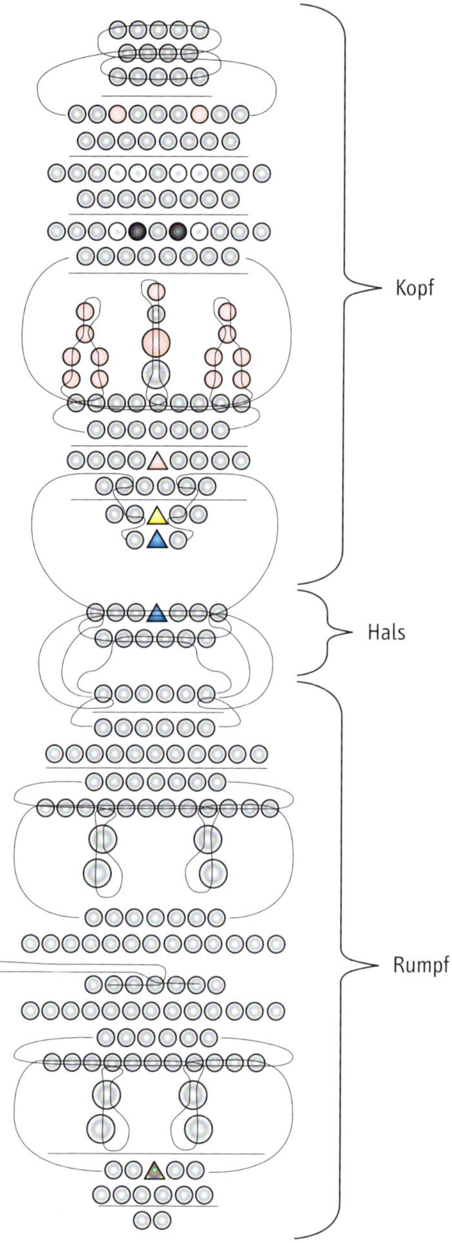

Blütenpracht

Tulpe

Seite 14

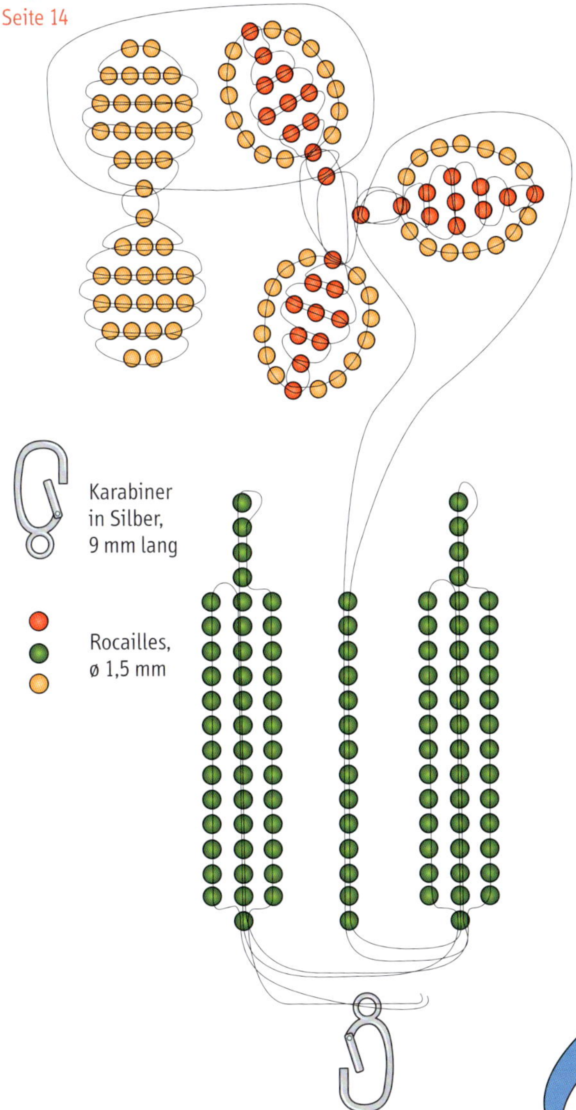

Glücksbringer

Fliegenpilz

Seite 24

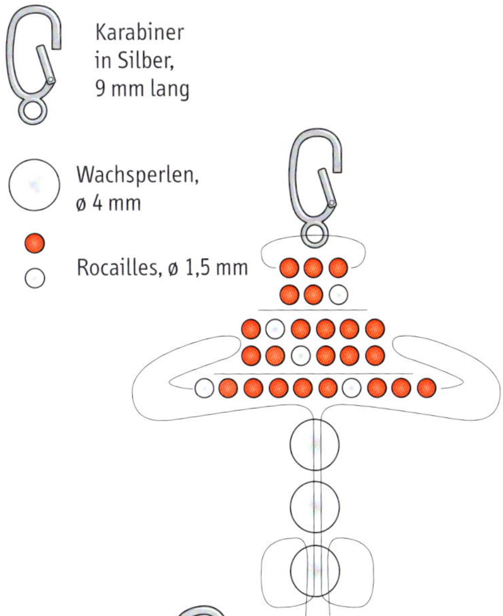

Glücksbringer

Winkekatze

Seite 24

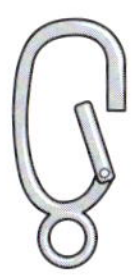

Karabiner in Silber, 9 mm lang

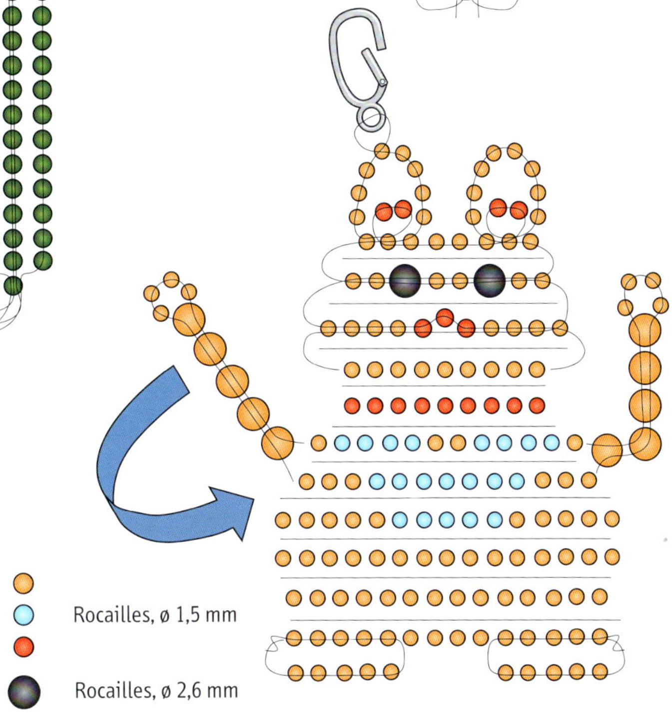

Blütenpracht
Lilie
Seite 14

Karabiner in Silber, 9 mm lang

Rocailles, ø 1,5 mm

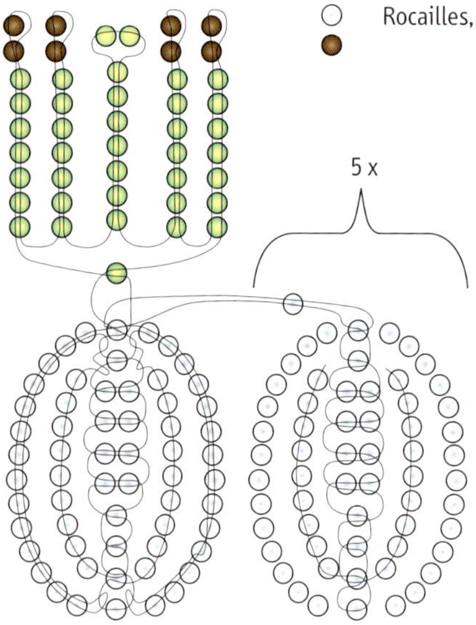

Symbolträchtig
Yinyang
Seite 16

Karabiner in Silber, 9 mm lang

Rocailles, ø 1,5 mm

Rocailles, ø 2,6 mm

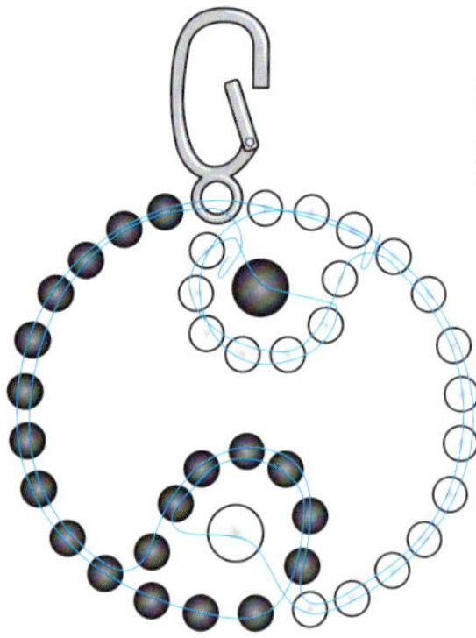

Obstsalat
Kirsche
Seite 18

Karabiner in Silber, 9 mm lang

Glasperlen, ø 4 mm

Rocailles, ø 1,5 mm

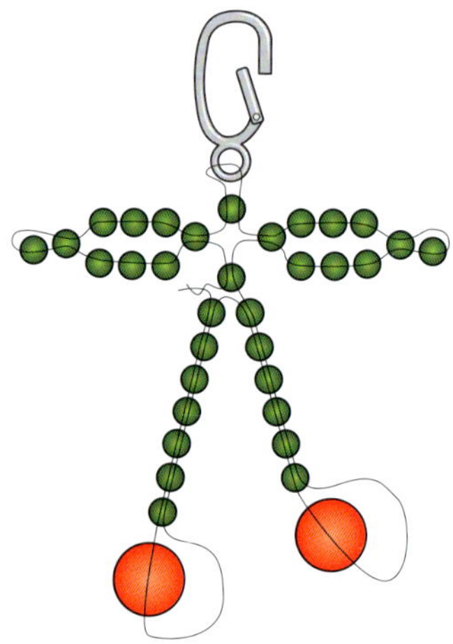

Symbolträchtig
Lebensbaum
Seite 16

Karabiner in Silber, 9 mm lang

Rocailles, ø 1,5 mm

Rocailles, ø 2,6 mm

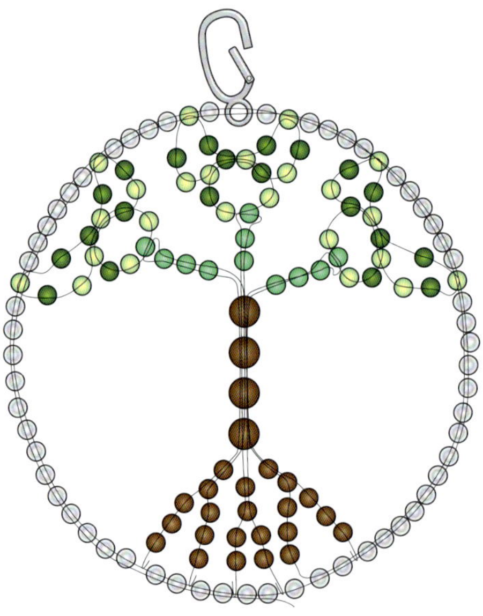

Symbolträchtig

Traumfänger

Seite 16

Karabiner in Silber, 9 mm lang

Mini-Dagger-Perle

Rocailles, ø 1,5 mm

Delica-Perlen

Swarovski®-Perle, ø 3 mm

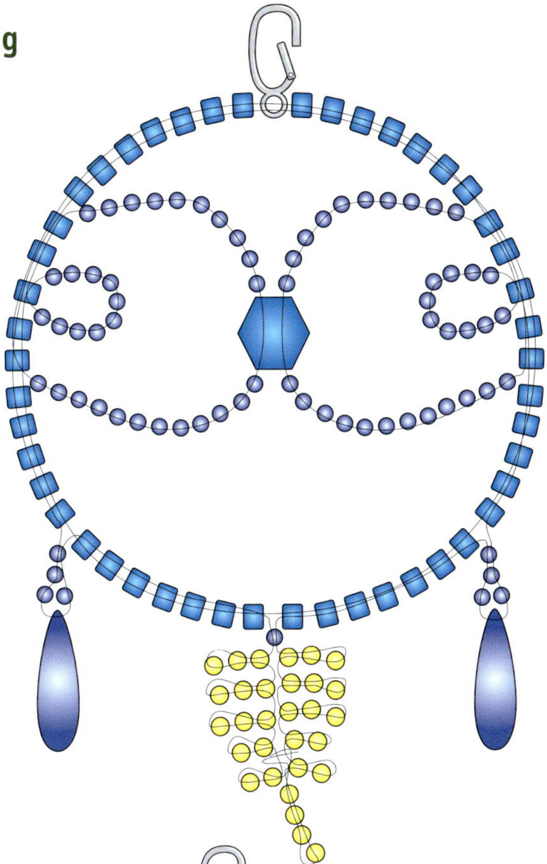

Obstsalat

Ananas

Seite 18

Karabiner in Silber, 9 mm lang

Blüttenperlen, ø 9 mm

Rocailles, ø 1,5 mm

Snake-Bead, ø 10 mm

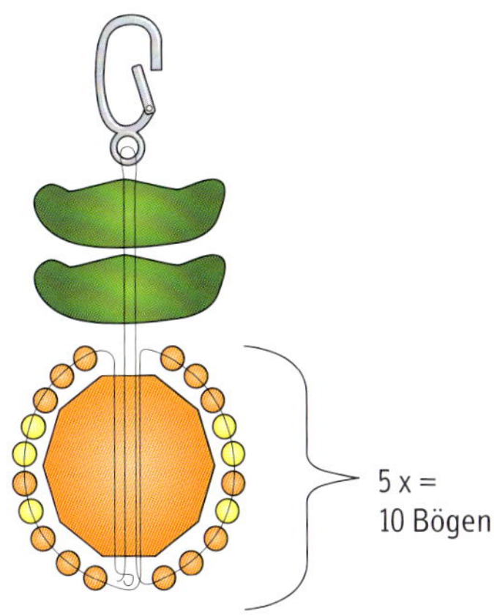

Obstsalat

Melone

Seite 18

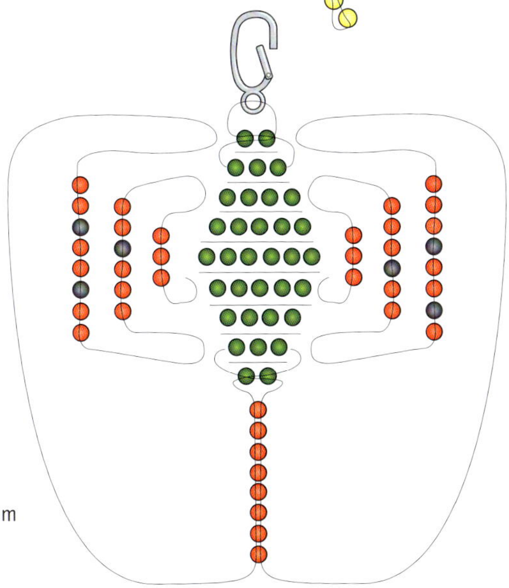

Karabiner in Silber, 9 mm lang

Rocailles, ø 1,5 mm

Mädchenhaft

Kleid

Seite 20

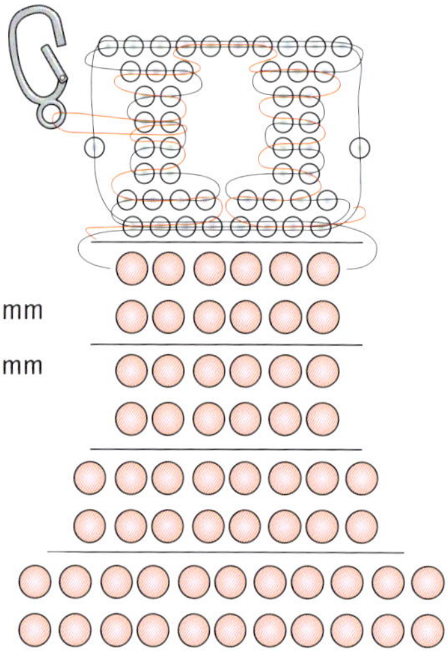

Karabiner in Silber, 9 mm lang

Rocailles, ø 1,5 mm

Rocailles, ø 2,6 mm

Maritim

Anker

Seite 22

Karabiner in Silber, 9 mm lang

Dreiecksperlen

Rocailles, ø 2,6 mm

Delica-Perlen

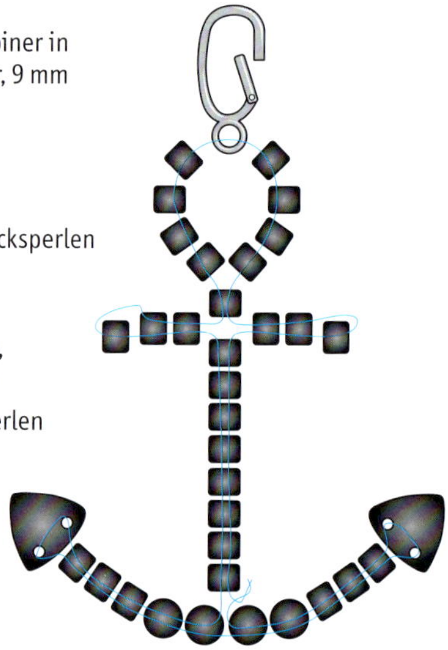

Mädchenhaft

Schirm

Seite 20

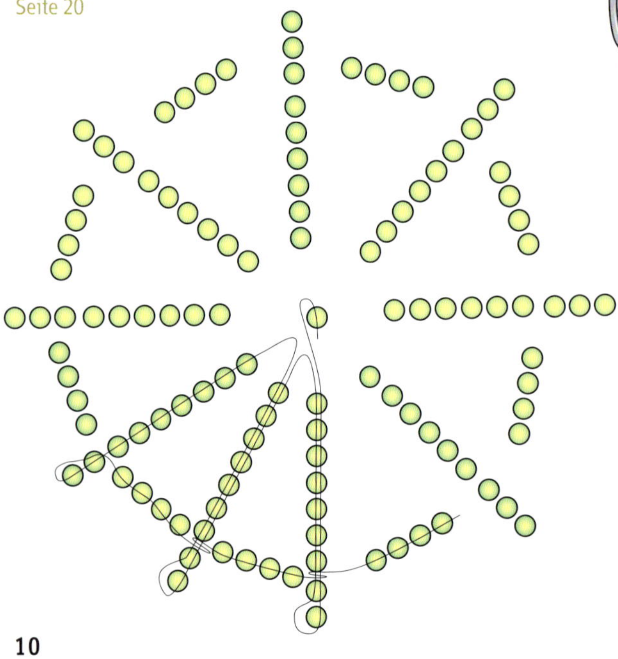

Karabiner in Silber, 9 mm lang

Rocailles, ø 1,5 mm

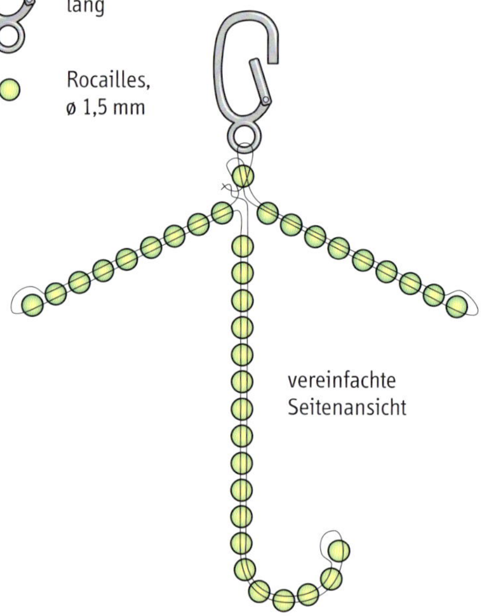

Maritim
Boot
Seite 22

Karabiner in Silber, 9 mm lang

Rocailles, ø 1,5 mm

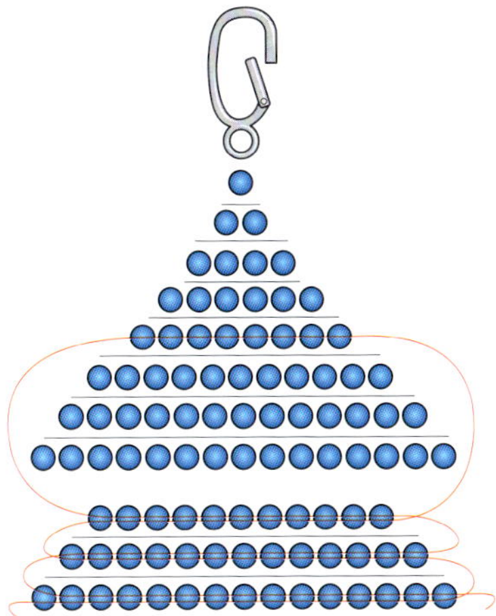

Maritim
Muschel
Seite 22

Karabiner in Silber, 9 mm lang

Rocailles, ø 1,5 mm

Wachsperle, ø 4 mm

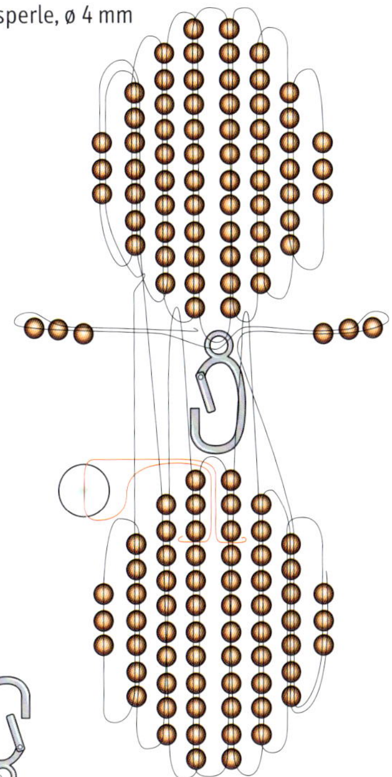

Liebe
Herz
Seite 26

Karabiner in Silber, 9 mm lang

Rocailles, ø 1,5 mm

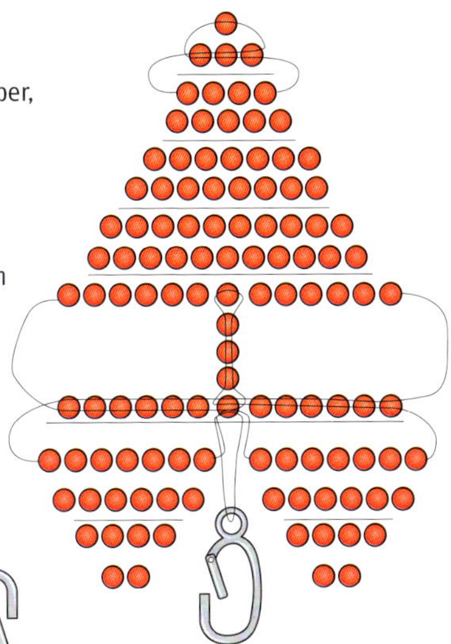

Liebe
Schlüssel
Seite 26

Karabiner in Silber, 9 mm lang

Rocailles, ø 1,5 mm

Rocailles, ø 2,6 mm

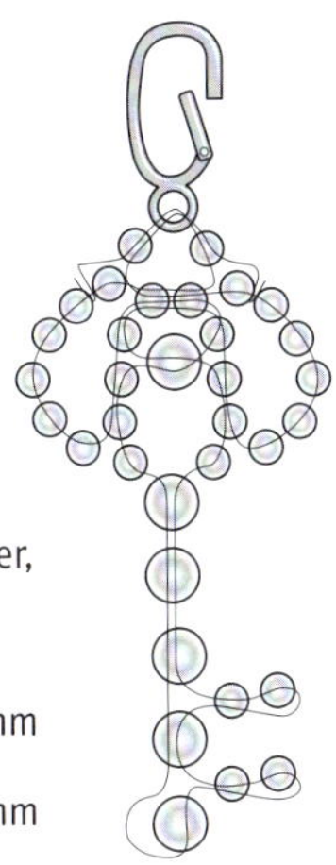

Liebe
Eiffelturm
Seite 26

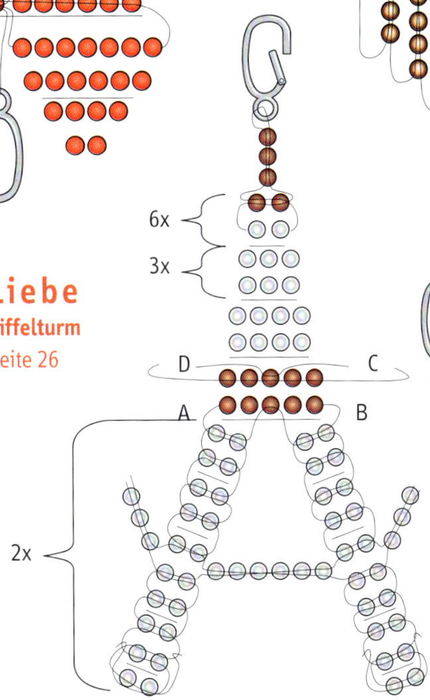

Karabiner in Silber, 9 mm lang

Rocailles, ø 1,5 mm

Babyglück
Kinderwagen
Seite 28

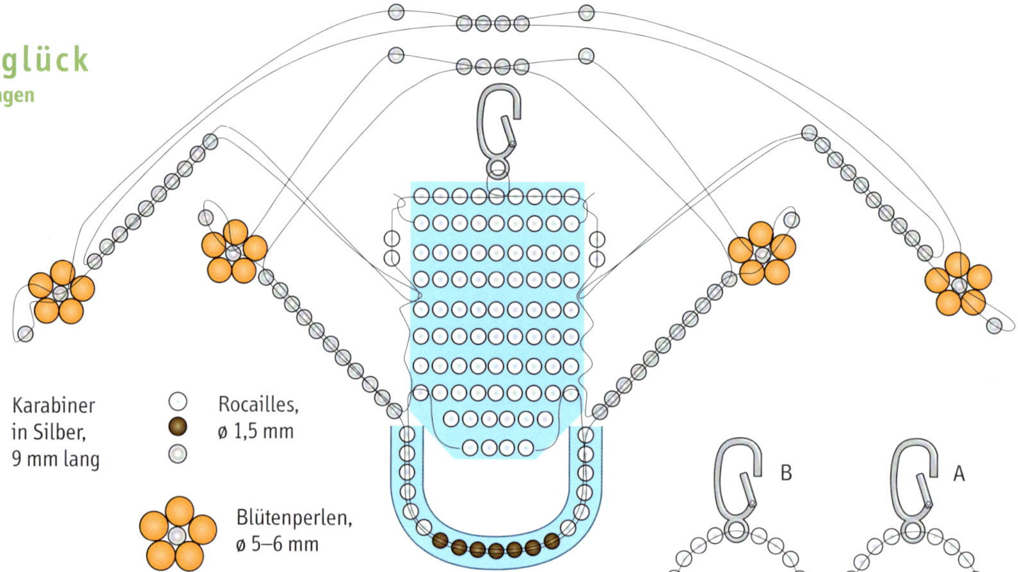

Karabiner in Silber, 9 mm lang

Rocailles, ø 1,5 mm

Blütenperlen, ø 5–6 mm

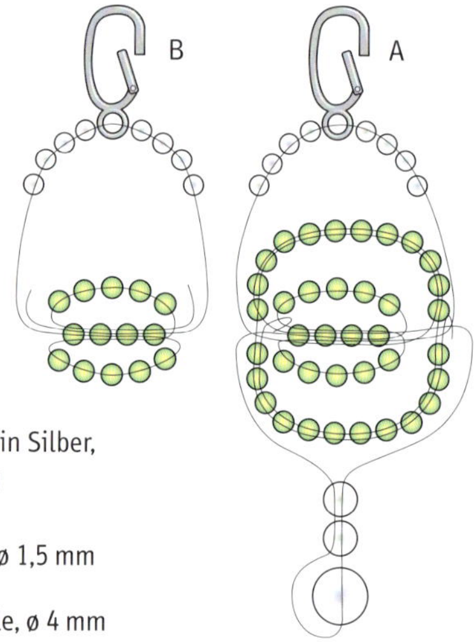

Let's party!
Luftballon
Seite 10

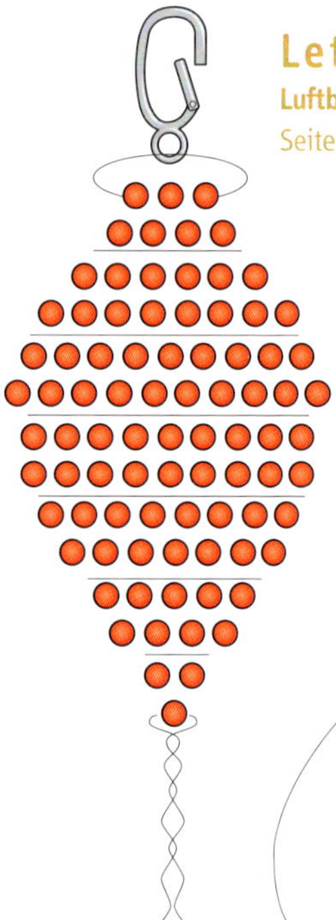

Karabiner in Silber, 9 mm lang

Rocailles, ø 1,5 mm

Babyglück
Schnuller
Seite 28

Karabiner in Silber, 9 mm lang

Rocailles, ø 1,5 mm

Wachsperle, ø 4 mm

Rocailles, ø 2,6 mm

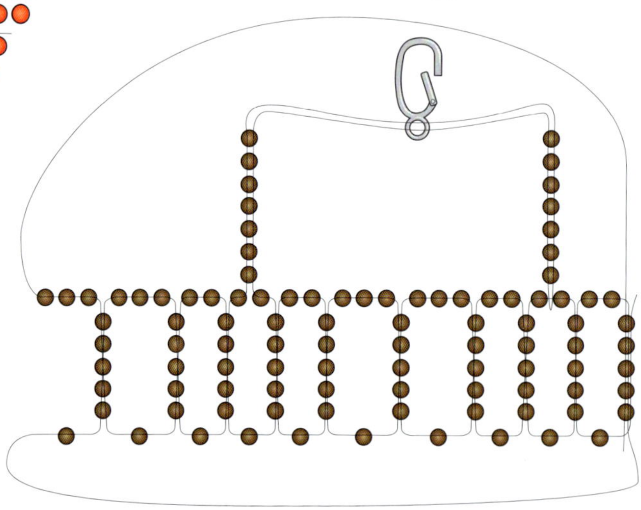

Babyglück
Weidenkorb
Seite 28

Karabiner in Silber, 9 mm lang

Rocailles, ø 1,5 mm

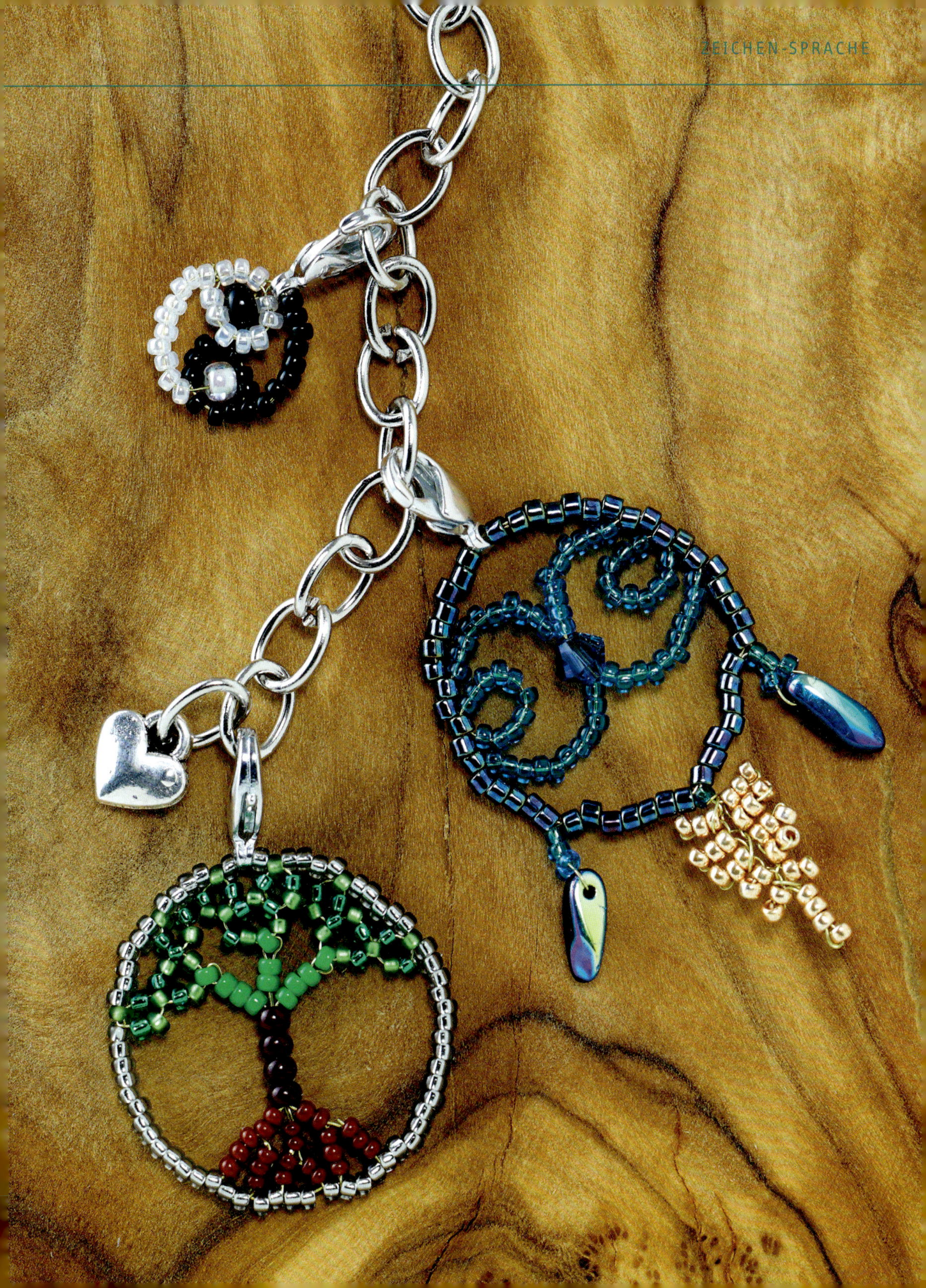

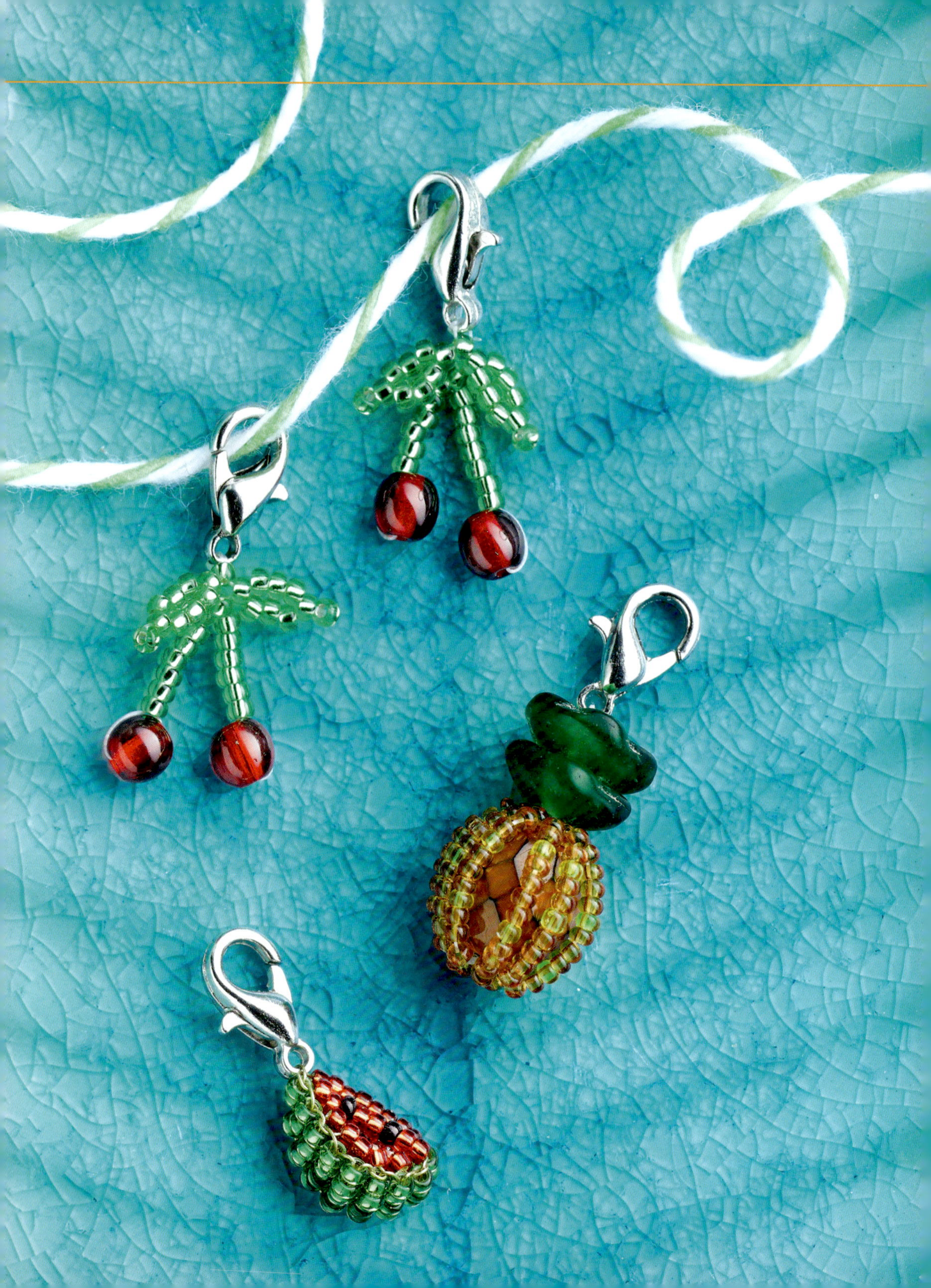

Obstsalat

für die tägliche Portion Wohlfühl-Vitamine

MOTIVHÖHE
Ananas ca. 1,5 cm
Melone ca. 1 cm
Kirschen ca. 1,5 cm

MATERIAL

ANANAS
- Fireline, 6lb, 30 cm lang
- Karabiner in Silber, 9 mm lang
- Rocailles in Braun transparent und Beige transparent, ø 1,5 mm
- Snake-Bead, ø 10 mm
- Blütenperlen Grün matt transparent, ø 9 mm

MELONE
- Messingdraht, ø 0,2 mm, 40 cm lang
- Karabiner in Silber, 9 mm lang
- Rocailles in Grün mit Silbereinzug, Rot mit Silbereinzug und Sattschwarz, ø 1,5 mm

KIRSCHEN
- Fireline, 6lb, 20 cm lang
- Karabiner in Silber, 9 mm lang
- Rocailles in Grün mit Silbereinzug, ø 1,5 mm
- runde Glasperlen in Rot transparent, ø 4 mm

FÄDELSKIZZENHEFT
Seite 8 + 9

Ananas

1 Mit dem Karabiner beginnen und die Snake-Bead auffädeln.

2 Anschließend 10 Reihen mit gemischten Farben und jeweils 10 Rocailles um die große Perle herumfädeln. Hierzu den Faden nach jeder Reihe durch die große Perle hindurchfädeln.

3 Anschließend mit einem Fadenende die Blütenperlen und den Karabiner auffädeln und den Faden zurück in die große Perle führen.

4 Zum Abschluss die beiden Fadenenden miteinander verknoten.

Melone

1 Beginnen Sie mit dem Karabiner und fädeln Sie die Schale der Melone flach auf. Fädeln Sie dann mit den beiden Drahtenden einen Perlenstab.

2 Anschließend beide Seiten nach Fädelskizze jeweils mit einem Drahtende weiterfädeln. Hierzu das Drahtende nach den einzelnen Reihen durch die entsprechenden Schlaufen der grünen Schale führen.

Kirschen

1 Mit dem Karabiner beginnen und zunächst eine Perle auffädeln. Anschließend beide Blätter mit dem jeweiligen Fadenende nach Skizze fädeln.

2 Jetzt einen Stiel fädeln, wobei der Faden nach der roten Perle wieder zurückgeführt werden muss.

3 Das Ganze mit der anderen Fadenhälfte wiederholen und die Fadenenden miteinander verknoten.

Mädchenhaft

Bewahre das Mädchen in Dir!

MOTIVHÖHE
Kleid ca. 1,5 cm
Schirm ca. 2,5 cm

MATERIAL

KLEID

- Messingdraht, ø 0,2 mm, 80 cm lang
- Karabiner in Silber, 9 mm lang
- Rocailles in Weiß, ø 1,5 mm
- Rocailles in Rosa mit Silbereinzug, ø 2,6 mm

SCHIRM

- Messingdraht, ø 0,2 mm, 50 cm lang
- Karabiner in Silber, 9 mm lang
- Rocailles in Grün und Weiß, ø 1,5 mm

FÄDELSKIZZENHEFT
Seite 10

Kleid

1 Mit der Achter-Perlenreihe beginnen und diese mittig auf den Draht auffädeln. Anschließend die Elfer-Perlenreihe gegenläufig auffädeln. In dieselbe Reihe einen Extradraht einfädeln.

2 Jetzt die Träger beidseitig arbeiten. Dabei auf einer Seite nach der dritten Reihe mit einer Schlaufe den Karabiner auffädeln.

3 Nach der sechsten Reihe jeweils alle vier Drahtenden in die erste Achter-Reihe gemäß Plan einfädeln und jeweils zwei miteinander verknoten.

4 Mit den beiden anderen Drahtenden das Kleid mit 2,6-mm-Rocailles plastisch fertig fädeln.

Schirm in Grün-Weiß

1 Mit dem Karabiner beginnend eine Perle auffädeln.

2 Nun zunächst drei Perlenstäbe arbeiten, bevor das Drahtende wieder durch die einzelne Anfangsperle gefädelt wird. Dann folgen wieder drei Perlenstäbe. Beim letzten Perlenstab das Drahtende nur zwei Perlen zurückfädeln. Jetzt folgen vier kleine Perlen und eine Umrundung des nächsten Perlenstabs. Dies für alle Perlenstäbe wiederholen, bis der Schirm vollständig ist.

3 Anschließend das Drahtende wieder zurückführen. Abschließend die Perlen für den Schirmgriff auf beide Drahtenden auffädeln und am Ende verknoten.

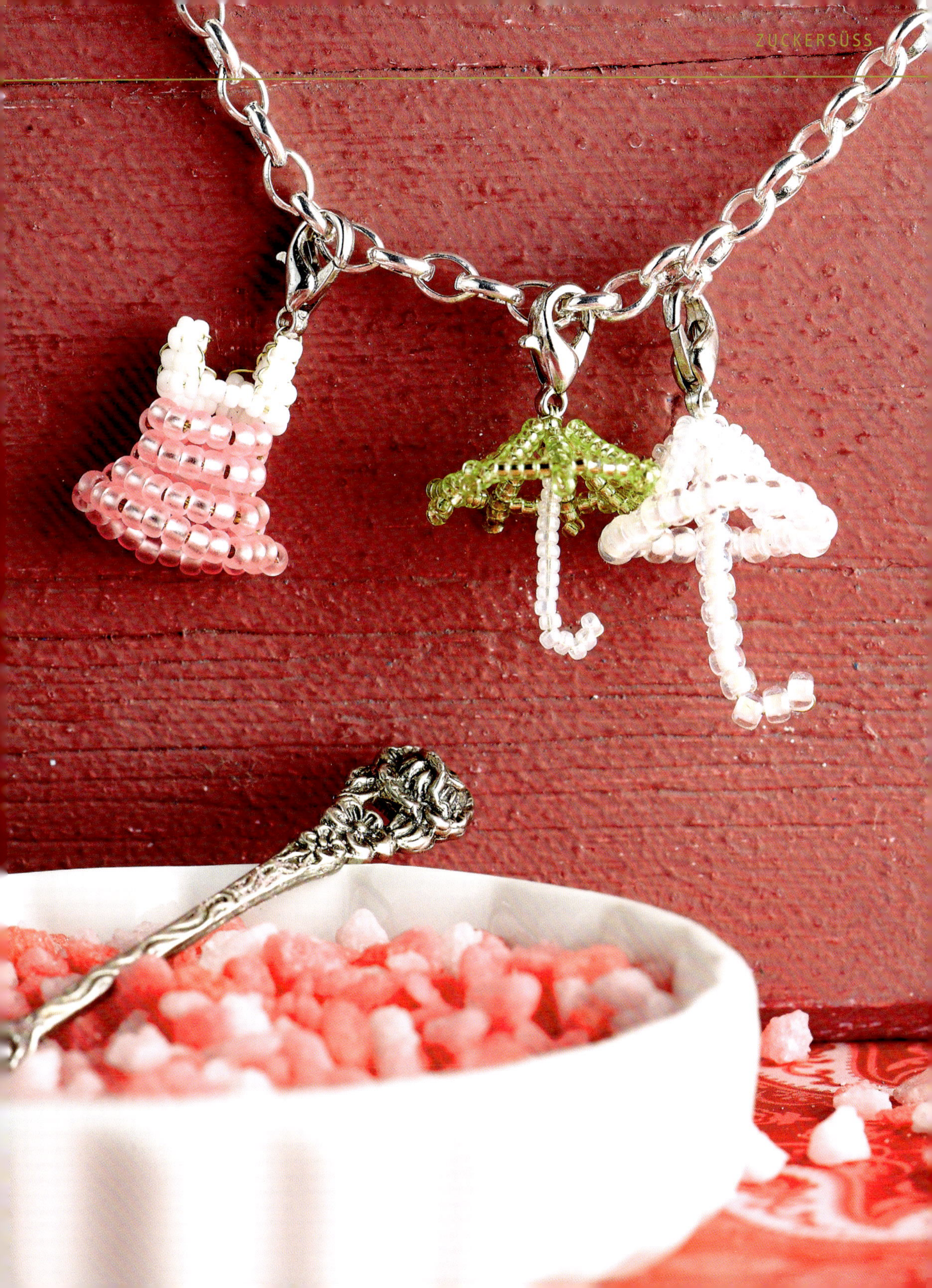

Maritim

Was braucht man Meer?

MOTIVHÖHE
Anker ca. 2 cm
Boot ca. 1,5 cm
Muschel ca. 1,5 cm

MATERIAL

ANKER

- Messingdraht, ø 0,2 mm, 30 cm lang
- Karabiner in Silber, 9 mm lang
- Rocailles in Metallic Schwarz, ø 2,6 mm
- Delica-Perlen in Metallic Schwarz
- Dreiecksperlen in Metallic Schwarz

BOOT

- Messingdraht, ø 0,2 mm, 40 cm lang
- Karabiner in Silber, 9 mm lang
- Rocailles in Satthellblau, ø 1,5 mm

MUSCHEL

- Messingdraht, ø 0,2 mm, 1,5 m lang
- Karabiner in Silber, 9 mm lang
- Rocailles in Metallic Bronze, ø 1,5 mm
- Wachsperle in Weiß, ø 4 mm

FÄDELSKIZZENHEFT
Seite 10 + 11

Anker

1 Mit der Schlaufe und dem Karabiner beginnend acht Delica-Perlen aufziehen. Anschließend beide Drahtenden durch eine weitere Delica-Perle fädeln.

2 Fädeln Sie nun gemäß Skizze die beiden Perlenstäbe auf. Anschließend beide Drahtenden durch weitere acht Delica-Perlen durchfädeln.

3 Arbeiten Sie am unteren Ende gemäß Skizze einen Perlenstab mit einer Dreiecksperle, drei Delica-Perlen und zwei Rocailles und danach mit demselben Drahtende den zweiten Perlenstab.

4 Abschließend beide Drahtenden miteinander verdrehen.

Boot

1 Mit dem Karabiner beginnen und das Boot von oben flach fädeln.

2 In der fünften Reihe einen Extradraht für eine zweite flache Seite einfädeln.

3 Anschließend für den Schiffsrumpf die Reihen beidseitig am Segel flach nach oben fädeln.

Muschel

1 Mit der rechten oberen Hälfte der Muschel beginnen und zunächst die Rocailles flach fädeln. Dabei jedoch etwas fester ziehen, damit eine kleine Wölbung entsteht.

2 Nach der vierten Reihe gemäß Skizze den Karabiner auffädeln.

3 Nach der achten Reihe die Drahtenden zurückfädeln, um die zweite Muschelhälfte genauso zu arbeiten.

4 Abschließend noch zwei kleine Perlenstäbe arbeiten. Die Wachsperle mit einem Extradraht in der Muschel festmachen und den Draht verknoten.

Mein Tipp für Sie

Am besten abwechselnd die Reihen auffädeln und die Drahtenden durch die Schlaufen der letzten gegenüberliegenden Reihe arbeiten.

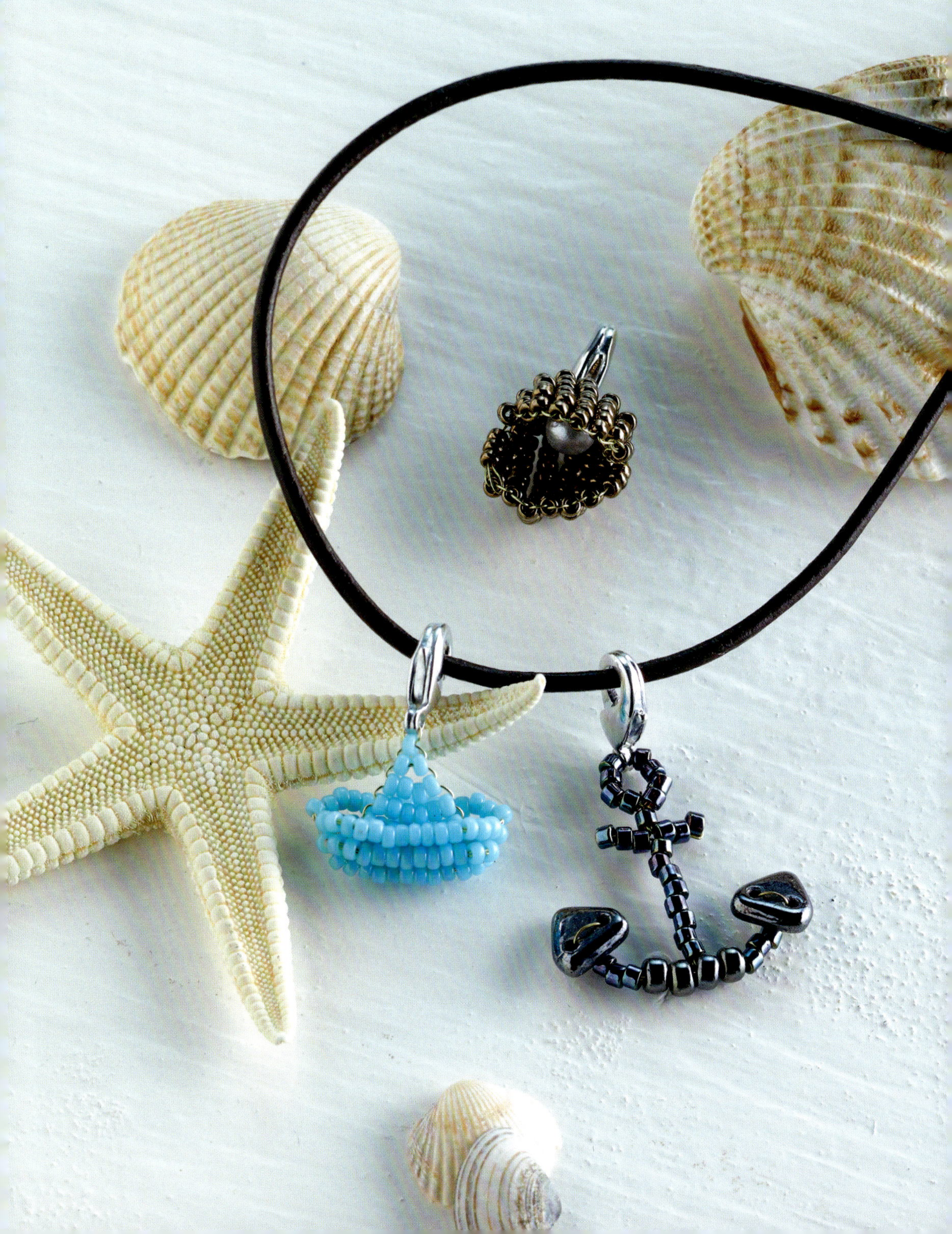

Glücksbringer

für jede Lebenslage

MOTIVHÖHE
Kleeblatt ca. 3 cm
Winkekatze ca. 2 cm
Fliegenpilz ca. 0,5 cm

MATERIAL

KLEEBLATT
- Messingdraht, ø 0,2 mm, 40 cm lang
- Karabiner in Silber, 9 mm lang
- Rocailles in Grün mit Silbereinzug, ø 1,5 mm

WINKEKATZE
- Messingdraht, ø 0,2 mm, 50 cm lang
- Karabiner in Silber, 9 mm lang
- Rocailles in Gold, Satthellblau und Sattrot, ø 1,5 mm
- Rocailles in Sattschwarz und Gold, ø 2,6 mm

FLIEGENPILZ
- Messingdraht, ø 0,2 mm, 40 cm lang
- Karabiner in Silber, 9 mm lang
- Rocailles in Sattweiß und Sattrot, ø 1,5 mm
- Wachsperlen in Weiß, ø 4 mm

FÄDELSKIZZENHEFT
Seite 6 + 7

Kleeblatt

1 Mit der oberen „Herzform" beginnen und gemäß Skizze fädeln. Hierfür zunächst zwei Perlen auf einem Draht auffädeln. Anschließend 13 weitere Perlen mit beiden Drahtenden gleichzeitig auffädeln.

2 Fädeln Sie nach der fünften Perle den Karabiner mit auf und führen Sie diesen Draht um die siebte Perle nur herum. Nun beide Drahtenden wieder durch die erste Perle hindurchführen.

3 Formen Sie die drei anderen „Herzen" auf die gleiche Weise und führen Sie die Drahtenden durch die erste Perle, um anschließend beide Drahtenden zu verknoten.

Winkekatze

1 Mit der ersten Reihe der Winkekatze beginnen und die Ohren gemäß Skizze fädeln. Dabei gleich den Karabiner mit einarbeiten. Anschließend die Katze komplett flach fädeln.

2 In der dritten Reihe eine Perle nur mit einem Draht auffädeln und danach nach oben drücken.

3 Nach der siebten Reihe die Arme gemäß Anleitung auffädeln. Den linken Arm der Katze erst am fertigen Perlenmodell nach unten biegen.

4 In der letzten Reihe die „Pfoten" nach vorne biegen.

Fliegenpilz

1 Beginnen Sie mit dem Karabiner und der oberen Reihe vom Fliegenpilz. Fädeln Sie die Reihen mit roten Rocailles plastisch.

2 Nach der fünften Reihe die beiden Drahtenden gemäß Skizze durch die Schlaufe der vorletzten Reihe nach innen ziehen.

3 Abschließend mit den beiden Drahtenden drei Wachsperlen aufziehen und verknoten.

Mein Tipp für Sie

Draht kann nicht allzu häufig gebogen werden, daher führt ein zu häufiges „Winken" zum Drahtbruch.

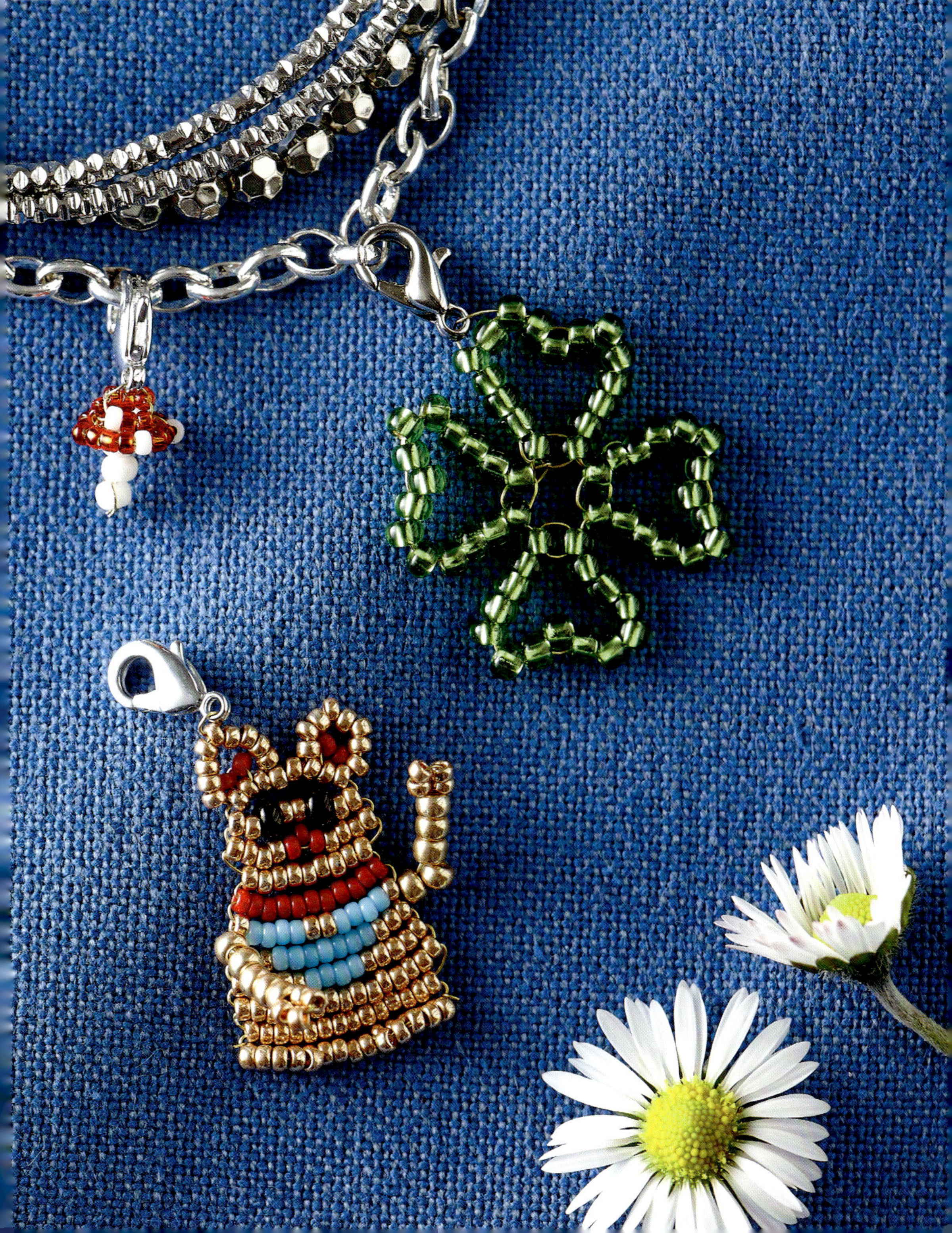

Liebe

all you need is love

MOTIVHÖHE
Herz ca. 1 cm
Schlüssel ca. 1,5 cm
Eiffelturm ca. 3 cm

MATERIAL

HERZ
- Messingdraht, ø 0,2 mm, 40 cm lang
- Karabiner in Silber, 9 mm hoch
- Rocailles in Rot, ø 1,5 mm

SCHLÜSSEL
- Messingdraht, ø 0,2 mm, 30 mm lang
- Karabiner in Silber, 9 mm lang
- Rocailles in Grau AB matt, ø 2,6 mm
- Rocailles in Grau matt, ø 1,5 mm

EIFFELTURM
- Messingdraht, ø 0,2 mm, 40 mm lang
- Karabiner in Silber, 9 mm lang
- Rocailles in Grau matt und Metallic Kupfer, ø 1,5 mm

FÄDELSKIZZENHEFT
Seite 11

Herz

1 Beginnen Sie an der Spitze des Herzens und fädeln Sie gemäß Skizze die Perlen auf.

2 In der vorletzten durchgehenden Perlenreihe einen Zusatzdraht (blau) durch die mittlere Perle ziehen und drei Perlen auffädeln.

3 Die Drahtenden durch die mittlere Perle der nächsten Reihe kreuzen, dann können Sie die beiden Herzhälften anfertigen.

Schlüssel

1 Beginnen Sie mit der Spitze des Schlüssels und fädeln Sie nach der ersten und zweiten Perle jeweils einen Perlenstab auf.

2 Nach der 5. großen Perle auf beide Drahtenden jeweils drei kleine Perlen auffädeln. Beide Drahtenden gegenläufig durch eine große Perle führen, anschließend 4 kleine Perlen gegenläufig darauf auffädeln. Dann mit beiden Drahtenden durch jeweils 2 kleine Perlen der letzten Reihe zurückführen.

3 Fädeln Sie nun jeweils 6 kleine Perlen auf und fädeln Sie die Drahtenden durch die hintersten zwei Perlen.

4 Zum Abschluss noch jeweils eine Perle und den Karabiner gegenläufig fädeln und abschließen.

Eiffelturm

1 Beginnen Sie mit dem Karabiner an der Turmspitze. Wiederholen Sie gemäß Skizze die doppelte Zweierreihe sechs Mal, dann die doppelte Dreierreihe drei Mal. Bei der ersten Fünfer-Perlenreihe zwei Extradrähte einfädeln, an die die Stützen C und D kommen. Ziehen Sie in der zweiten Fünferreihe nur einen Zusatzdraht ein.

2 Jetzt zunächst die Stützen A und B gemäß Skizze über 5 Reihen fädeln.

3 Auf der anderen Seite mit Stütze C und D genauso verfahren.

4 Jetzt die Querträger zwischen allen vier Stützen mit jeweils 6 Perlen (gegengefädelt) erstellen.

5 Abschließend alle vier Stützen fertigstellen.

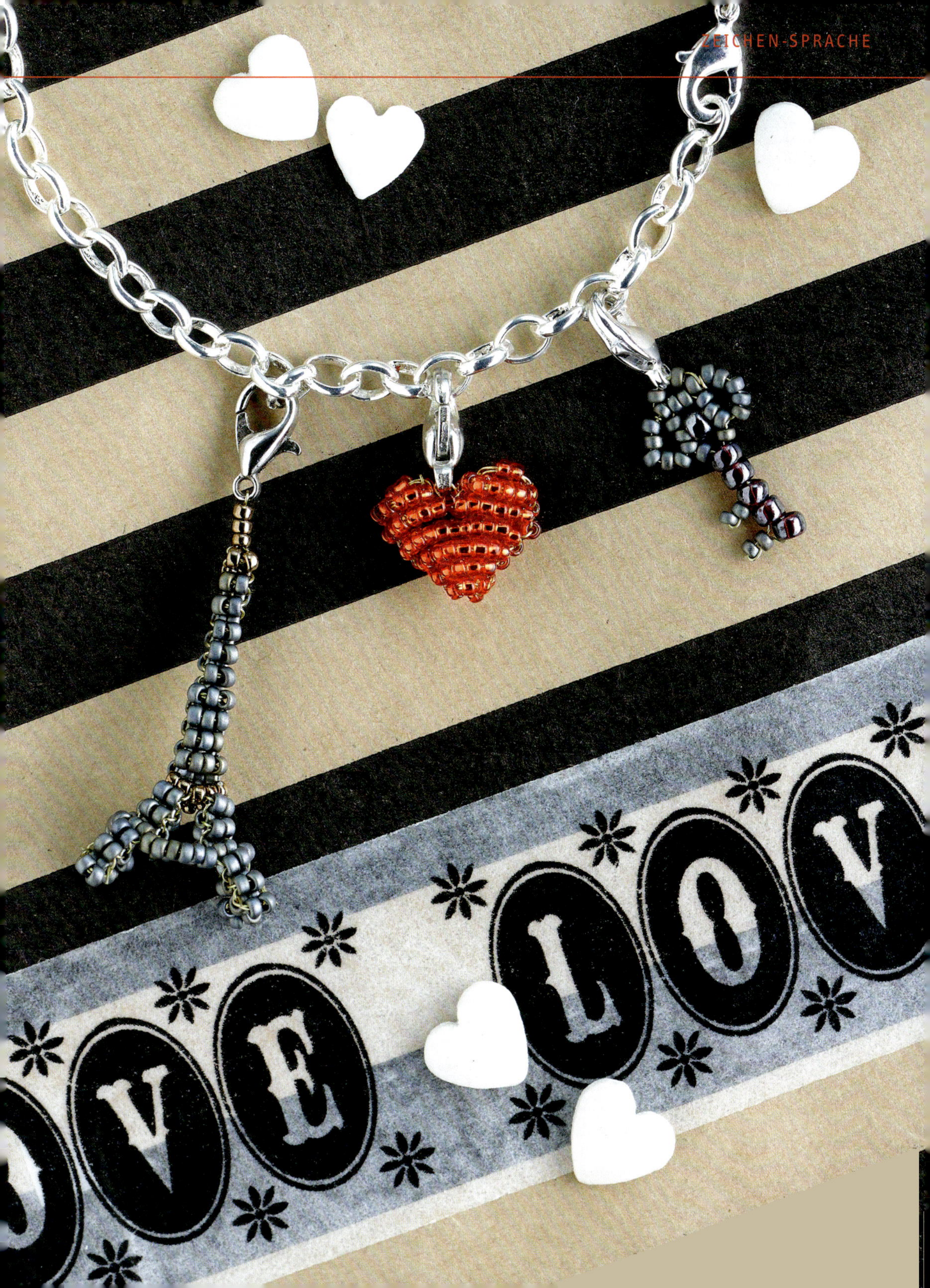

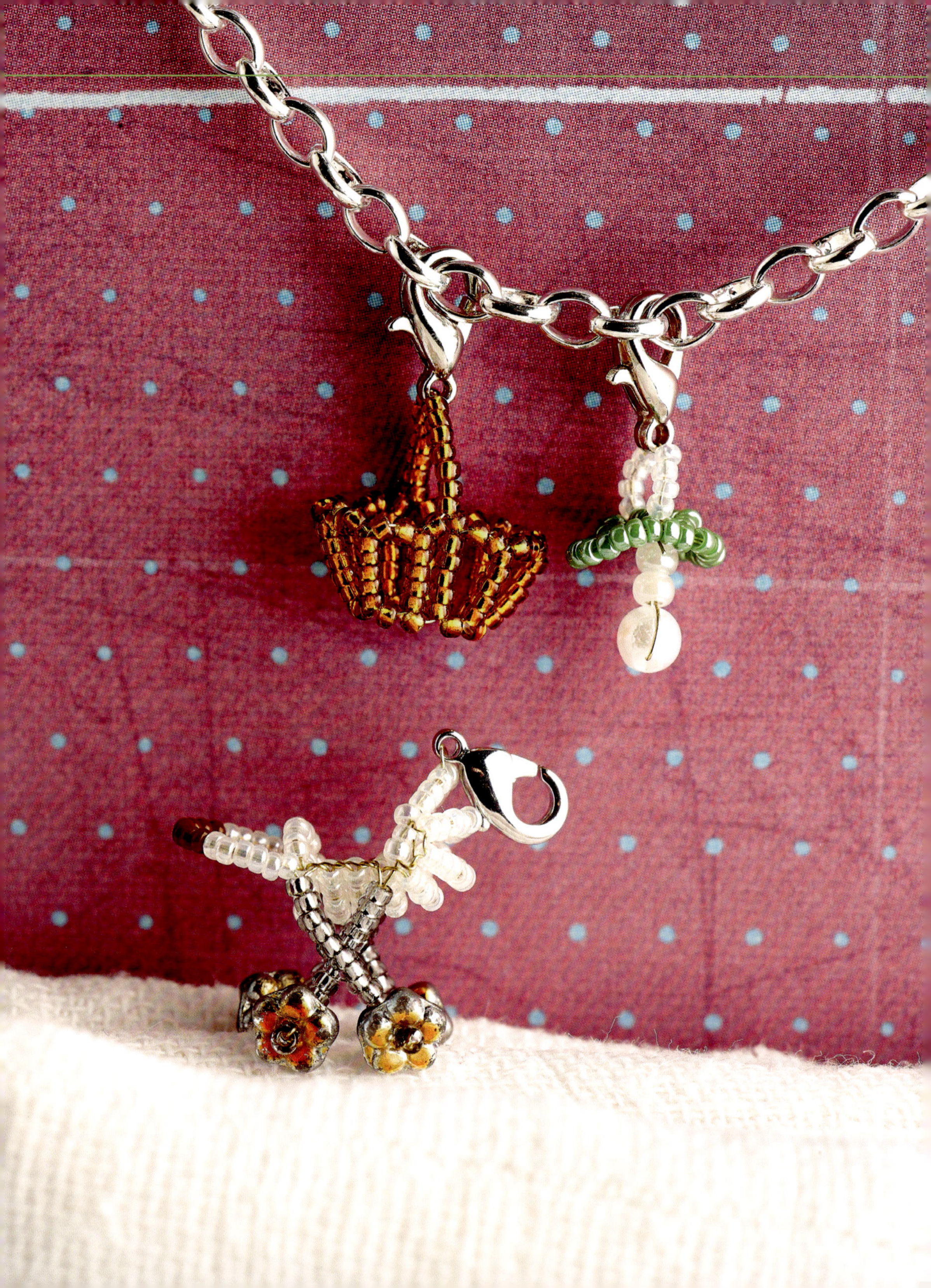

Babyglück

ein kleines Wunder

MOTIVHÖHE
Kinderwagen ca. 2 cm
Schnuller ca. 1,5 cm
Weidenkorb ca. 1,5 cm

MATERIAL

KINDERWAGEN
- Messingdraht, ø 0,2 mm, 1 m lang
- Karabiner in Silber, 9 mm lang
- Rocailles in Perlmuttweiß, Braun und Metallic Grau, ø 1,5 mm
- Blütenperlen, ø 5-6 mm

SCHNULLER
- Messingdraht, ø 0,2 mm, 40 cm lang
- Karabiner in Silber, 9 mm lang
- Rocailles in Satthellgrün glänzend und Sattweiß glänzend, ø 1,5 mm
- Rocailles in Sattweiß glänzend, ø 2,6 mm
- Wachsperle in Weiß, ø 4 mm

WEIDENKORB
- Messingdraht, ø 0,2 mm, 80 cm lang
- Karabiner in Silber, 9 mm lang
- Rocailles in Braun mit Silbereinzug, ø 1,5 mm

FÄDELSKIZZENHEFT
Seite 12

Kinderwagen

1 Mit der Babyschale und dem Karabiner beginnen. Hierzu zunächst nur die 9er-Reihen fädeln, die blau hinterlegt sind. Die Reihen werden nicht plastisch gefädelt, sondern ähnlich wie flache Perlentiere. Für die Babyschale alle Reihen rund biegen und die ersten vier Reihen nochmals auffächern. Beide Drahtenden gemäß Skizze durch die drittletzte Reihe durchziehen.

2 Jetzt für den Bügel beide Drahtenden gegenläufig durch die Perlen auffädeln.

3 Die Rocailles für die beiden hinteren Gestänge auffädeln und an den Enden jeweils mit einer Blütenperle und einer weiteren Rocaille abschließen. Mit dem Drahtende das Quergestänge auffädeln und auf der anderen Seite wieder zurückfädeln. Anschließend mit den Drahtenden im blauen Bereich an den vier Perlenreihen zurückfädeln.

4 Für das vordere Gestänge wiederholen. Mit den beiden Drahtenden abschließend jeweils noch zwei Rocailles auffädeln, um die seitliche Verkleidung der Babyschale fertigzustellen.

Schnuller

1 Mit dem dreireihigen Mittelstück beginnen. Dabei auch die Schlaufe mit dem Karabiner arbeiten (Skizze A).

2 Anschließend den kleinen Perlenstab mit der Wachsperle auffädeln.

3 Zum Abschluss noch zwei Reihen in Grün auffädeln (Skizze B).

Weidenkorb

1 Mit der ersten Reihe von oben gemäß Skizze beginnen. Acht Rocailles auffädeln. Anschließend fünf weitere Rocailles gegenläufig auffädeln. Das Ganze bis zur siebten Schlaufe wiederholen.

2 Nun auf der Seite mit den zwei Rocailles einen Perlenstab mit Karabiner arbeiten, der am Ende in die zweite Anfangsschlaufe eingefädelt wird. Den Draht anschließend zurückführen.

3 Nun die weiteren Schlaufen arbeiten und durch die erste Reihe fixieren.

Buchstaben & Zahlen

für ganz persönliche Botschaften

MOTIVHÖHE
ca. 1 cm

MATERIAL

- Messingdraht, ø 0,2 mm, ca. 30 cm lang
- Karabiner in Silber, 9 mm lang
- Rocailles in den gewünschten Farben, ø 1,5 mm

FÄDELSKIZZENHEFT
Seite 5

1 Die Perlen für die Buchstaben und Zahlen wie auf den jeweiligen Fädelskizzen gezeigt auf den Messingdraht aufziehen. Beginnen Sie dabei an der mit einem grünen x gekennzeichneten Stelle.

2 Für den Abschluss die Drahtenden – sofern nicht anders eingezeichnet – noch einmal durch die letzte Perle führen. Dadurch werden die kleinen Anhänger fest zusammengehalten und die Drahtstücke können einfach abgeschnitten werden.

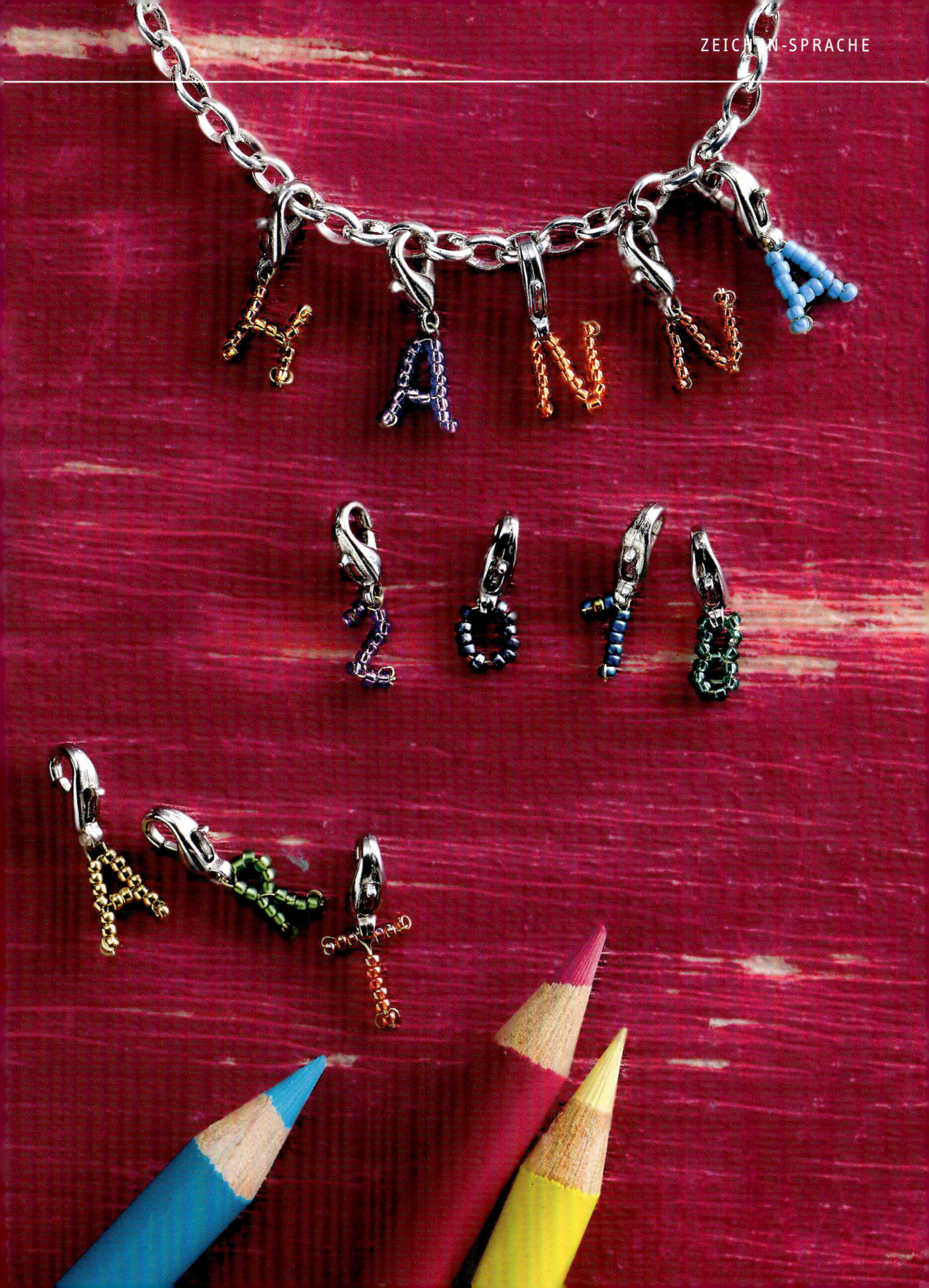

HANNA
2018
A&T

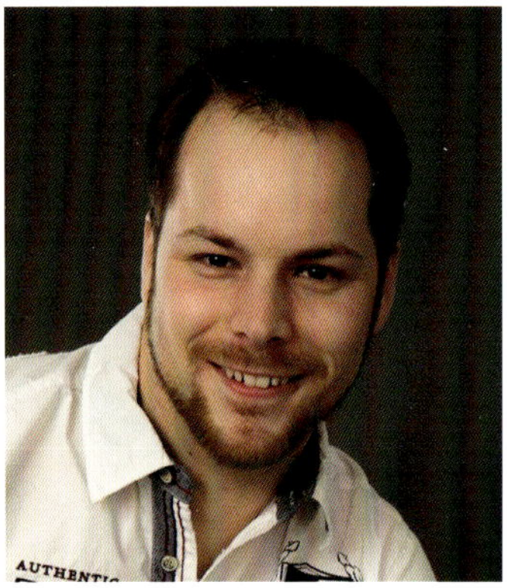

Torsten Becker wurde 1986 in Hessen geboren und studierte Elektrotechnik. Zu dem Hobby Perlentiere kam er als 10-Jähriger über Ferienspiele. Nach zahlreichen Eigenentwürfen kam der Kontakt mit dem Verlag zustande, woraufhin sein erstes Buch „Perlentiere, natürlich schön" auf dem Markt erschien. Durch Wünsche von Freunden und Fans kam die Anregung, ganz kleine und einfache Figuren zu machen. Damit war die Idee für die Perlen-Charms geboren.

DANKE!

Ich danke der Firma Precht Creatives Hobby GmbH, Kaufbeuren-Neugablonz, für die freundliche Unterstützung mit Materialien.

TOPP – Unsere Servicegarantie

WIR SIND FÜR SIE DA! Bei Fragen zu unserem umfangreichen Programm oder Anregungen freuen wir uns über Ihren Anruf oder Ihre Post. Loben Sie uns, aber scheuen Sie sich auch nicht, Ihre Kritik mitzuteilen – sie hilft uns, ständig besser zu werden.

Bei Fragen zu einzelnen Materialien oder Techniken wenden Sie sich bitte an unseren Kreativservice, Frau Erika Noll.

mail@kreativ-service.info
Telefon 0 50 52 / 91 18 58

Das Produktmanagement erreichen Sie unter:

pm@frechverlag.de
oder:
frechverlag
Produktmanagement
Turbinenstraße 7
70499 Stuttgart
Telefon 07 11 / 8 30 86 68

LERNEN SIE UNS BESSER KENNEN! Fragen Sie Ihren Hobbyfach- oder Buchhändler nach unserem kostenlosen Magazin **Meine kreative Welt.** Darin entdecken Sie dreimal im Jahr die neuesten Kreativtrends und interessantesten Buchneuheiten.

Oder besuchen Sie uns im Internet! Unter **www.topp-kreativ.de** können Sie sich über unser umfangreiches Buchprogramm informieren, unsere Autoren kennenlernen sowie aktuelle Highlights und neue Kreativtechniken entdecken, kurz – die ganze Welt der Kreativität.

Kreativ immer up to date sind Sie mit unserem monatlichen **Newsletter**. Für aktuelle Infos, Gratis-Anleitungen und Gewinnspiele gleich anmelden unter www.TOPP-kreativ.de/Newsletter

IMPRESSUM

FOTOS: frechverlag GmbH, 70839 Gerlingen; lichtpunkt, Michael Ruder, Stuttgart
SKIZZEN: frechverlag GmbH, 70499 Stuttgart
PRODUKTMANAGEMENT: Eva Schrecklinger, Natalie Wollersheim
LEKTORAT: Eva Schrecklinger
GESTALTUNG: Nakischa Scheibe
DRUCK: POLYGRAF PRINT spol. s r.o.

5. Auflage 2025

ISBN 978-3-7724-4353-4 • Best.-Nr. 4353

MIX
Papier | Fördert gute Waldnutzung
FSC® C023577
FSC www.fsc.org

Penguin Random House Verlagsgruppe
FSC® N001967